Je couds ma Robe de Mariée

AKI SUMITOMO
ATELIER ANGELICA

les éditions de saxe

Sommaire

Robes au design combiné

Autres design de robes

Accessoires

Les bases

Robes au design combiné

Les robes proposées p. 6 à 21 sont réalisées en combinant 4 formes de hauts et 5 formes de jupes. Vous pouvez ajouter des accessoires comme un nœud et/ou une ceinture pour personnaliser votre robe.

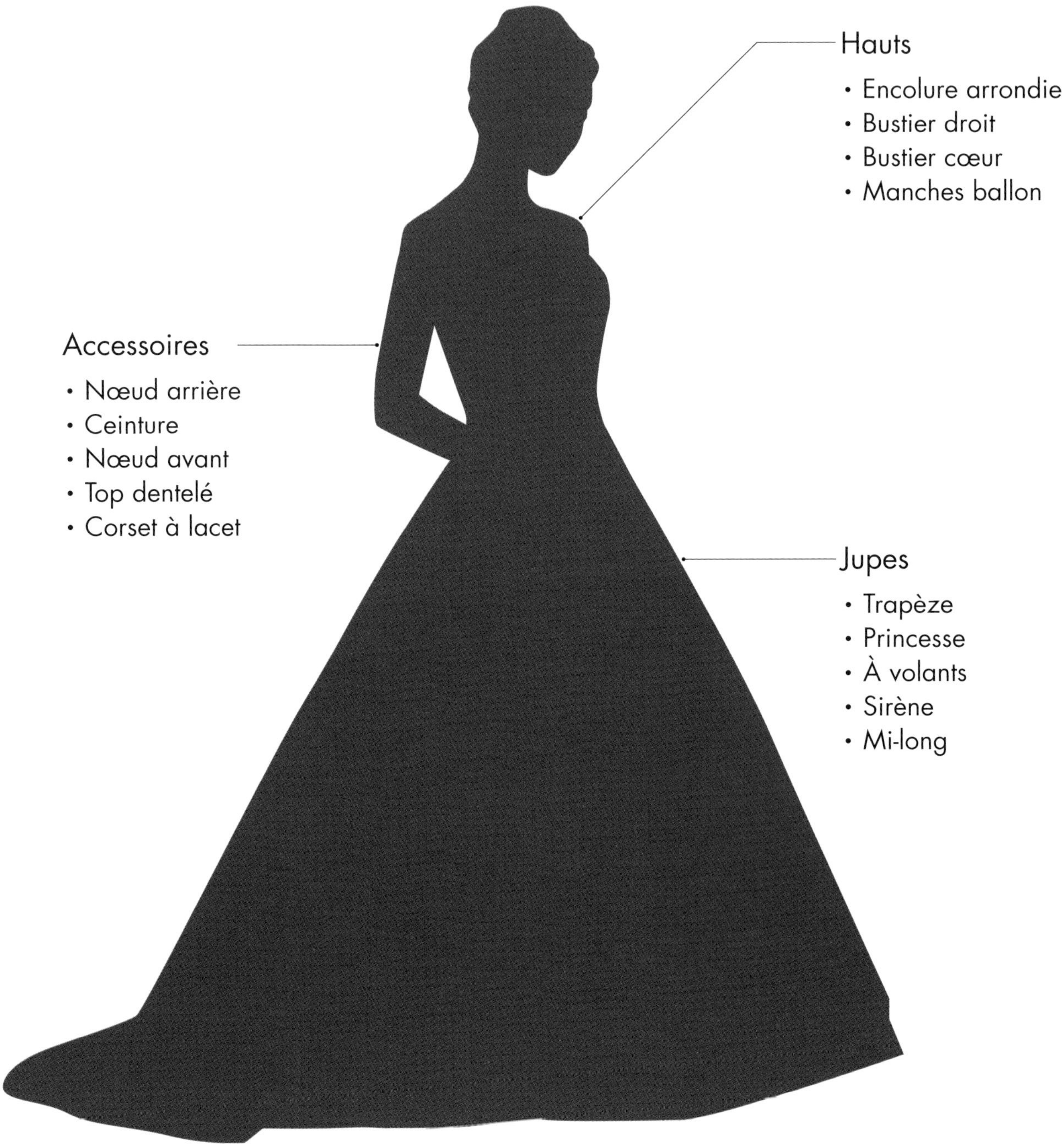

Le tableau ci-dessous est un exemple des combinaisons possibles de hauts et de jupes.
Les illustrations vous permettent de visualiser le rendu des différentes combinaisons proposées.

Haut / Jupe	Encolure arrondie	Bustier droit	Bustier cœur	Manches ballon
	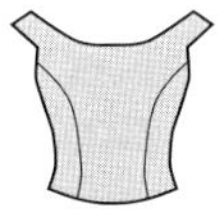			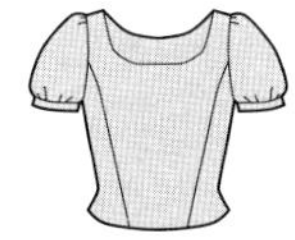
Coupe trapèze 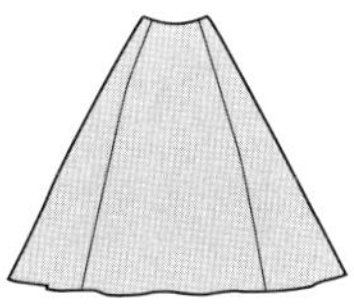	*A* p. 6 Accessoire Nœud arrière		*F* p. 14 Accessoire *G* Top dentelé à manches ballon	
Coupe princesse 		*C* p. 10 Accessoire *D* Top dentelé		
Coupe à volants 			*E* p. 12 Accessoire Bretelles, corset à lacet	*H* p. 16 Accessoire Nœud avant, corset à lacet
Coupe sirène 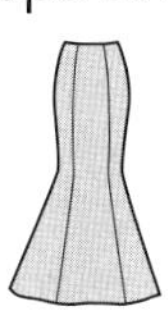	*I* p. 18 Accessoire Boutons perle	*B* p. 8 Accessoire Ceinture		
Coupe mi-long 				*J* p. 20 Accessoire Nœud arrière

A

Encolure arrondie & coupe trapèze

Un haut classique et une jupe épurée sont la combinaison parfaite pour une robe élégante.

Explications : p. 42

Un gros nœud est ajouté au dos. Le tissu jacquard blanc apporte une nuance brillante à la surface du tissu.

B

Bustier droit & coupe sirène

La jupe suit la forme du bassin jusqu'aux genoux et le bas est légèrement évasé. Cette coupe rehausse les formes féminines. Une ceinture très simple marque la taille.

Explications : p. 46

Le tissu très souple, est ici doublé de toile thermocollante pour un joli tombé.

C

Bustier droit & coupe princesse

Froncez abondamment le tulle et superposez-le pour obtenir cette magnifique jupe évasée et volumineuse.

Explications : p. 50

D

Top dentelé

Portez ce haut sur une robe toute simple pour changer radicalement son style.

Explications : p. 52

E

Bustier cœur & jupe à volants

Le bustier cœur est l'une des formes les plus séduisantes, dessinant un cœur au niveau de la poitrine. Combiné avec une jupe à cinq volants, cette robe est très romantique.

Explications : p. 54

Le laçage resserre le dos permettant de bien ajuster la robe.
Les volants sont pliés en 2 et pris dans la couture, il n'est ainsi pas nécessaire de réaliser un ourlet.

F

Bustier cœur
& coupe trapèze

Cette combinaison est simple, mais en choisissant un tissu jacquard texturé, la robe est très élégante et épurée.

Explications : p. 57

G

Top dentelé à manches ballon

Ce haut est porté sur la robe présentée p. 14. Les manches ballon cachent le haut des bras pour une allure très pure.

Explications : p. 58

H

Haut à manches ballon & jupe à volants

Nœuds au niveau de la poitrine, manches ballon et jupe à volants… Cette robe rappelle celle d'une jolie poupée. La couleur ivoire choisie apporte une petite touche vintage.

Explications : p. 59

Les fronces étant abondantes, un tissu fin voire peu épais est conseillé pour ce modèle.

J

Encolure arrondie & coupe sirène

L'allure de cette robe est épurée et élégante. Doublée de dentelle, elle reste simple mais festive.

Explications : p. 61

Superposez la dentelle sur le tissu de satin, puis faites des points de bâti pour obtenir un assemblage parfait sans décalage. Fixez des boutons de perle au dos.

J

Haut à manches ballon & jupe mi-longue

Le tulle doublé apporte un beau volume à cette jupe. En la réalisant avec un tissu de couleur, cette robe sera parfaitement adaptée à une garden-party.

Explications : p. 63

Un doupion brillant assez épais est choisi pour le corps.
Des boutons recouverts et un gros nœud ornent le dos.

Autres design de robes

Ces deux robes sont également
des incontournables pour les mariages.

K

Robe empire

La robe est séparée en deux sous la poitrine. Voici une allure romantique à souhait !

Explications : p. 65

L

Robe de princesse

La jupe évasée et la basque
drapée nous font revivre
les contes de notre enfance.

Explications : p. 69

La basque est cousue de telle sorte qu'elle forme des plis créant un joli drapé. Un gros nœud au dos renforce cette allure de princesse.

Accessoires

Des accessoires incontournables peuvent aussi être faits-main.

M

Voile de mariée court

Le voile s'arrête au niveau
du coude. Il est bordé de dentelle.
Cette longueur de voile est parfaite
pour un mariage casual.

Explications : p. 74

N

Voile de mariée mi-long

La longueur de ce voile peut être
adaptée à tous les styles de mariages.
Le bord du voile est réalisé en ourlet
roulotté en y insérant un fil nylon.

Explications : p. 74

O

Voile de mariée long

Pour un mariage traditionnel et assez
formel, choisissez ce voile long.
Ici, il mesure trois mètres.

Explications : p. 74

P

Gants courts

Ces gants sont charmants avec ce nœud ajouté au poignet. Réalisez le bâti avant l'assemblage pour obtenir une finition soignée.

Explications : p. 76

Q

Poignets dentelés

La combinaison volant et dentelle est très féminine. Il suffit d'insérer un ruban dans la dentelle pour réaliser rapidement cet accessoire raffiné.

Explications : p. 78

R

Coussin d'alliances

Orné de dentelle, ce coussin en forme de nœud est pour le moins original. Confectionnez-le avec le même tissu que la robe pour cette journée inoubliable.

Explications : p. 79

Confectionner une robe de mariée

LES BASES

Tissus conseillés

Il est très important de choisir un tissu approprié.

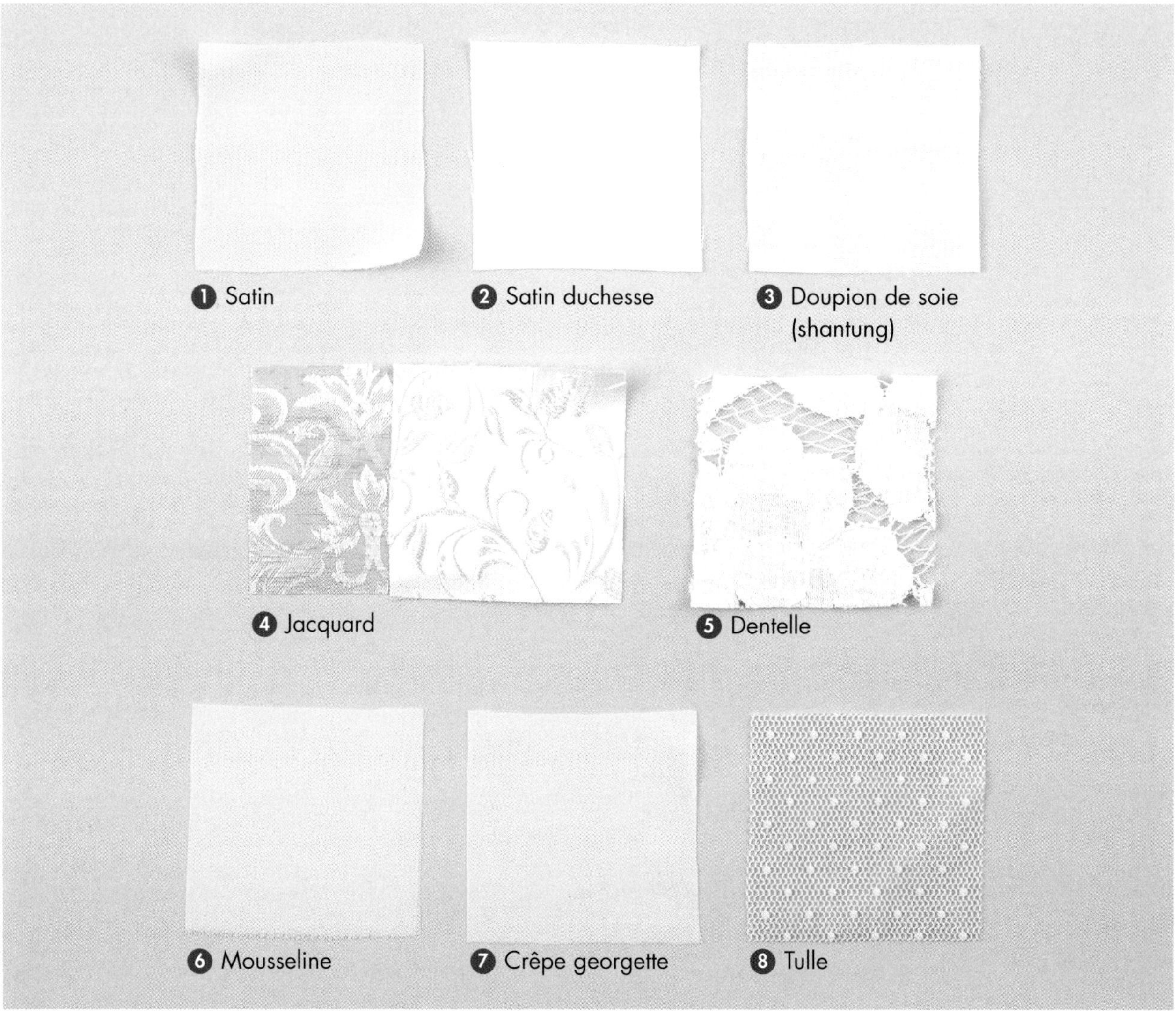

❶ Satin ❷ Satin duchesse ❸ Doupion de soie (shantung)

❹ Jacquard ❺ Dentelle

❻ Mousseline ❼ Crêpe georgette ❽ Tulle

❶ Satin : le tissage est réalisé sans trame apparente. L'endroit du tissu est brillant et lisse.
❷ Satin duchesse : le tissu est assez épais. La surface est satinée.
❸ Doupion de soie (shantung) : le fil de trame est assez irrégulier et donne un effet de soie sauvage. Utiliser la face la moins brillante comme endroit.
❹ Jacquard : les motifs sont tissés pour obtenir une surface texturée.
❺ Dentelle : le tissu est ajouré et il en existe de nombreux types. La dentelle recouvre le tissu de fond pour apporter un joli relief.
❻ Mousseline : tissu fin et léger. Ce tissu est légèrement transparent et très fluide.
❼ Crêpe Georgette : ce tissu est souple et fluide. Son toucher est légèrement granuleux.
❽ Tulle : ce tissu léger est formé par un maillage régulier de fils. Il est adapté à la réalisation des voiles et gants de mariée.

Tailles

Prendre les mensurations pour sélectionner la bonne taille.

Choix de la taille

Sélectionner les mesures du tableau ci-dessous les plus proches de celles des mensurations. Les modifications et ajustements sont ainsi plus faciles à effectuer. Les patrons comportent une aisance suffisante pour ne pas gêner les mouvements. Il est important de porter les sous-vêtements prévus le jour du mariage afin de prendre correctement les mensurations.

Mensurations

L'unité de mesure est le centimètre.

	34	36	38	40	42	44	46	48
Tour de poitrine	76 à 80	82 à 84	86 à 88	90 à 92	94 à 96	98 à 100	102 à 104	106 à 108
Tour de taille	58 à 60	62 à 64	66 à 68	70 à 72	74 à 76	78 à 80	82 à 84	86 à 88
Tour de bassin	82 à 84	86 à 88	90 à 92	94 à 96	98 à 100	102 à 104	106 à 108	110 à 112
Longueur de dos	37	38	38	39	39	40	40	40
Stature	160 à 165							

Sous-vêtement

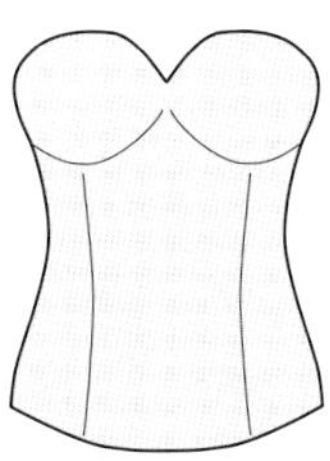

Un sous-vêtement de type bustier est choisi ici. Les modèles sont réalisés pour un bonnet C, la différence entre le tour de poitrine et le tour de buste étant de 15 cm (par exemple, le tour de poitrine de 90 cm et le tour de buste de 75 cm). Si nécessaire, glisser un coussinet dans le bonnet.

Longueur de la jupe

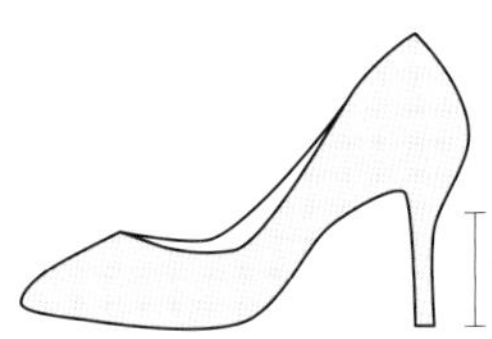

La longueur de la jupe est calculée pour qu'elle soit portée avec des chaussures à talons de 8 à 10 cm. Les talons hauts sont parfaits pour élancer la silhouette et rehausser la hauteur de la taille.

Crinoline

Une crinoline permet de donner un beau volume à la jupe. Choisir le modèle selon la forme de la jupe. Pour une jupe à volants, une crinoline ferme est conseillée.

Toile d'essai

Faire une toile d'essai pour obtenir une robe sur-mesure.

1. Réaliser les patrons d'essai.

Reporter la ligne de finition, le droit-fil et les repères du patron sur du papier de soie.
Tracer les pièces rectangulaires directement sur le papier de soie ainsi que la ligne de marge.

2. Coudre une toile d'essai.

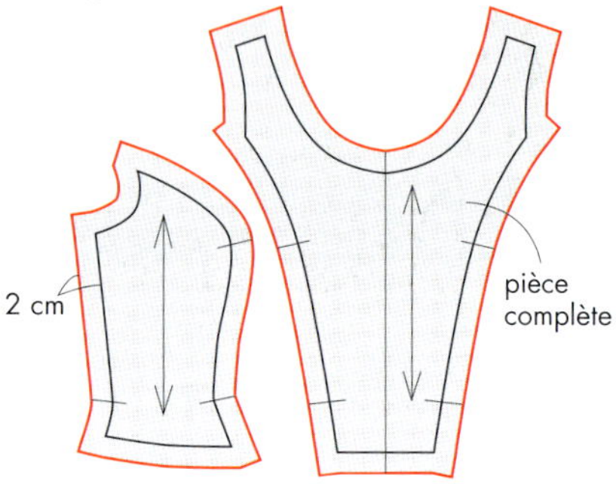

1

Poser la toile à patron sur le patron réalisé à l'étape 1, puis décalquer la ligne de finition, le droit-fil et les repères. Ajouter 10 cm de marge au bas de la jupe et 2 cm de marge sur les autres parties, puis couper la toile. Réaliser les pièces complètes.

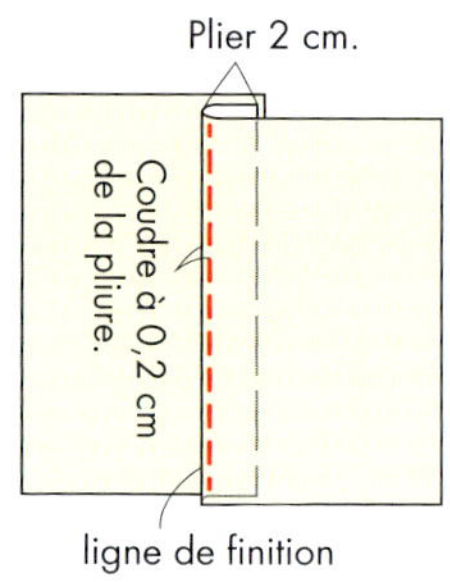

2

Plier un bord des 2 pièces à assembler sur la ligne de finition, puis le superposer sur l'autre pièce. Coudre à 0,2 cm de la pliure. Il est possible de coudre à longs points à la machine ou à la main pour faciliter l'ajustement par la suite.

Astuces

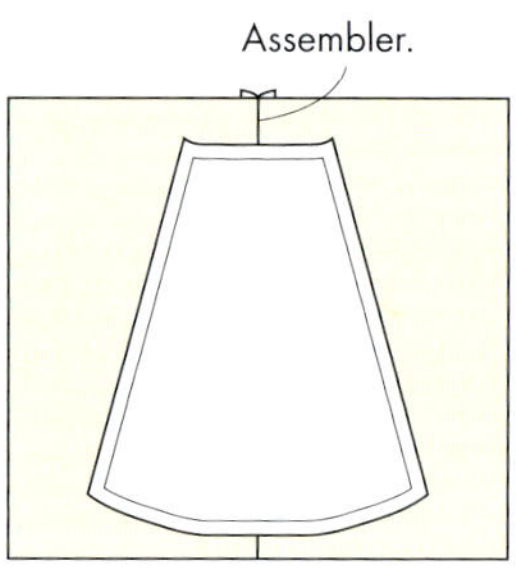

Grande pièce

Pour couper une grande pièce comme une jupe, choisir une toile à patron large ou assembler 2 toiles pour obtenir une largeur suffisante. Attention à ne pas confondre la couture d'assemblage et la ligne de finition lors de l'ajustement de la pièce.

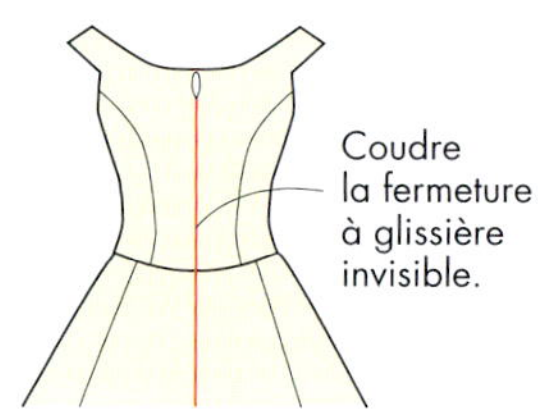

Ouverture du dos

Coudre une fermeture à glissière invisible à longs points pour l'essayage. A cette étape, il est aussi possible de supprimer le corset à lacet.

3. Essayage

La coupe près du corps n'a pas beaucoup d'aisance, mais il est tout de même important d'en ajouter suffisamment pour ne pas gêner le mouvement du corps. Porter la toile d'essai, puis s'asseoir pour vérifier son ajustement. La toile utilisée pour une robe de mariée est plus épaisse que la toile à patron classique et la doublure y sera ajoutée. La toile d'essai ne doit donc pas mouler le corps ou faire des plis disgracieux.

Ajustement et réalisation des patrons de la robe

Après l'essayage, apporter les modifications sur les patrons.

Ajuster le bustier.

Ajuster la poitrine du bustier et réaliser les patrons définitifs.

1. Ajustement

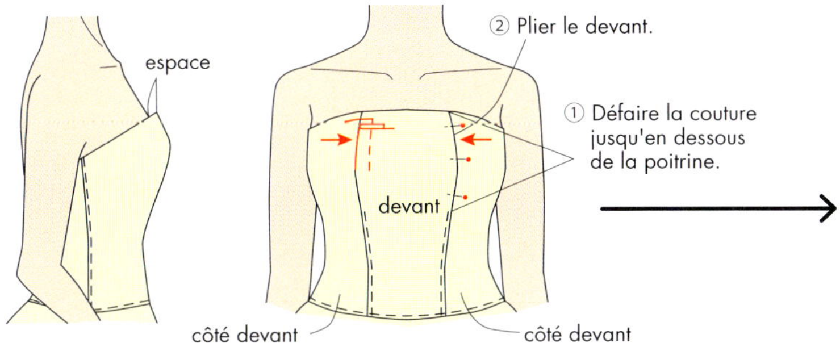

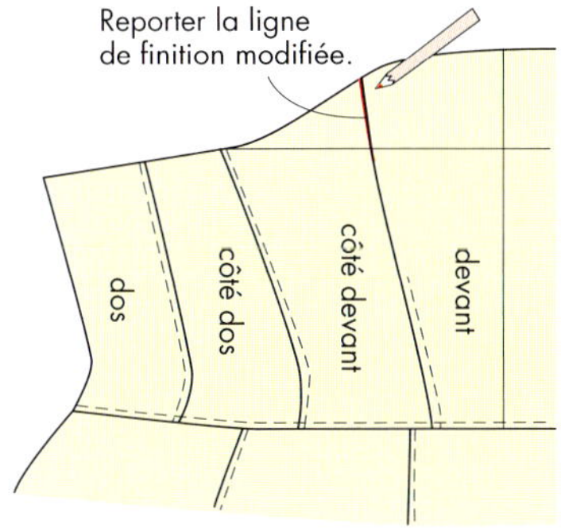

1 S'il y a un espace entre la poitrine et le bustier, défaire la couture d'assemblage du devant et du côté devant. Plier le tissu, puis épingler.

2 Tracer la ligne de finition modifiée à l'aide d'un crayon.

2. Report sur le patron

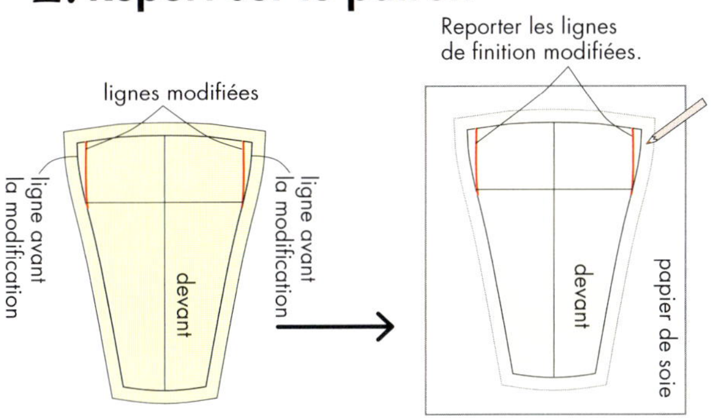

1 Défaire la couture.

2 Poser le patron sur la pièce de toile à patron, puis reporter la ligne de finition modifiée.

3. Vérification

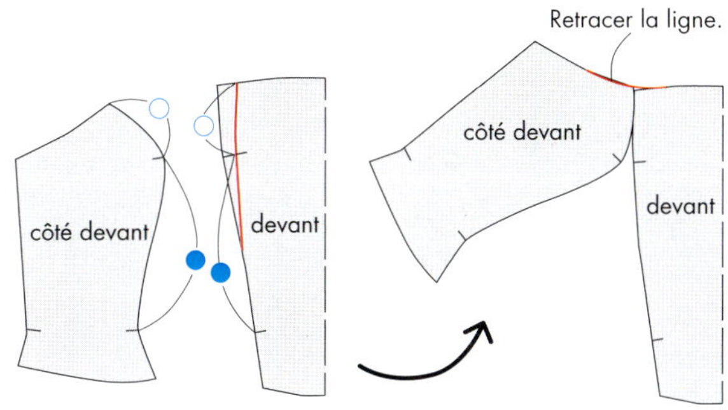

1 Vérifier la longueur des 2 parties à assembler.

2 Vérifier également la continuation des 2 pièces. Retracer la ligne pour obtenir une ligne naturelle.

※ Modifier également les patrons de la parementure et de la doublure de la même manière.

4. Rajout des marges

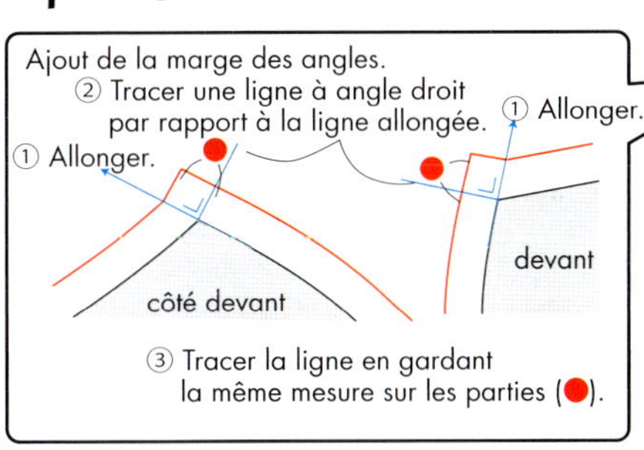

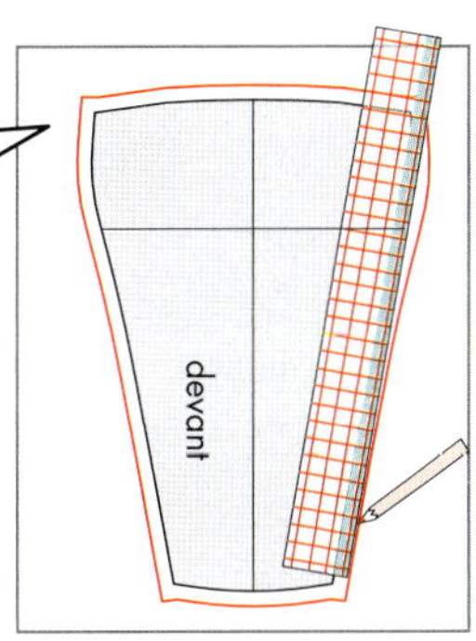

Retracer la ligne de marge en suivant le plan de coupe.

Ajuster la poitrine.

Ajustement

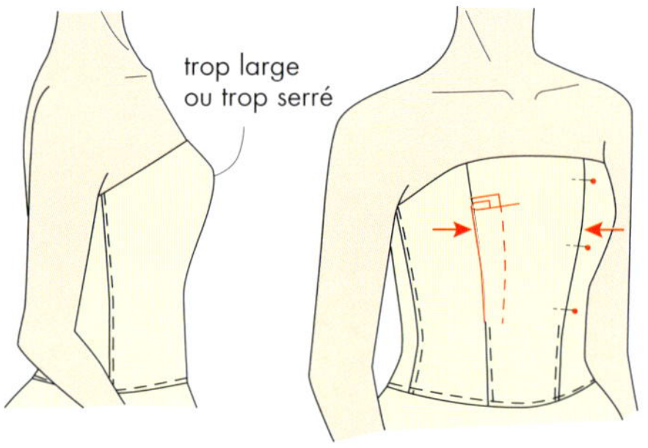

Modification des patrons

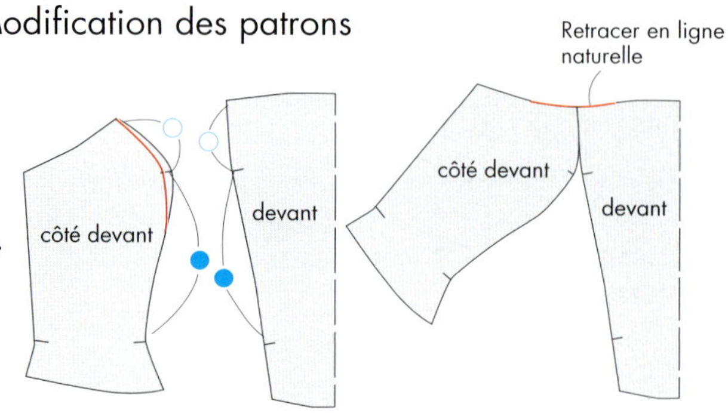

1 Si le bustier est trop serré ou à l'inverse, qu'un espace se forme sur la poitrine, défaire la couture entre le devant et le côté devant, puis ajuster le bustier et épingler.

2 Retracer la ligne de finition, puis vérifier si la mesure des 2 parties à assembler est identique. Superposer le patron de la parementure sur celui du corps, puis reporter la ligne de finition modifiée. Pour les modèles du top à encolure arrondie, du top à manches ballon et de la robe princesse, retracer également la ligne d'emmanchure.

Ajuster la taille.

Ajustement

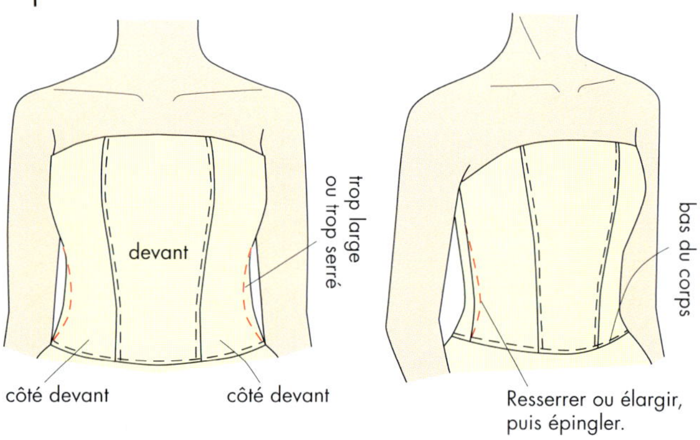

Si la taille est trop large ou trop serrée, défaire la couture entre le côté devant et le côté dos. L'ajuster au corps, puis épingler.

↓

Ajuster le côté sur toute la longueur.

Modification des patrons

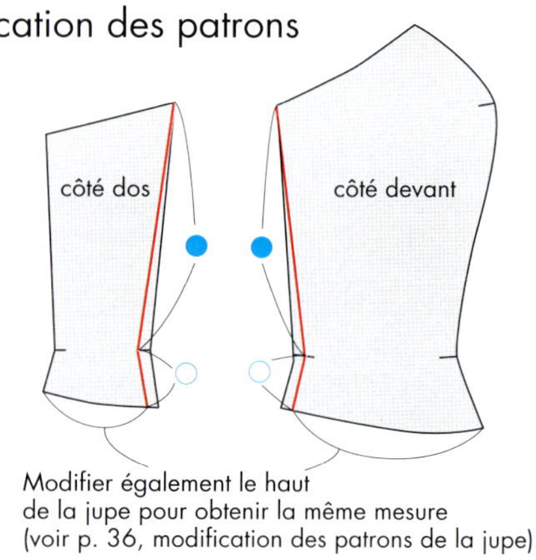

Modifier également le haut de la jupe pour obtenir la même mesure (voir p. 36, modification des patrons de la jupe).

Après avoir ajusté le tour de taille, vérifier si la mesure des 2 parties à assembler est identique. Retracer la ligne du bas du corps en ligne naturelle. Modifier également la taille de la jupe pour que la mesure soit identique à celle du corps (voir p. 36).

Ajuster le côté uniquement sur la taille.

Modification des patrons

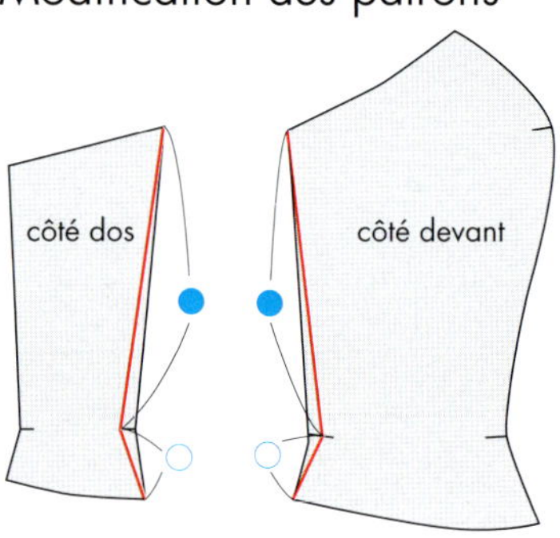

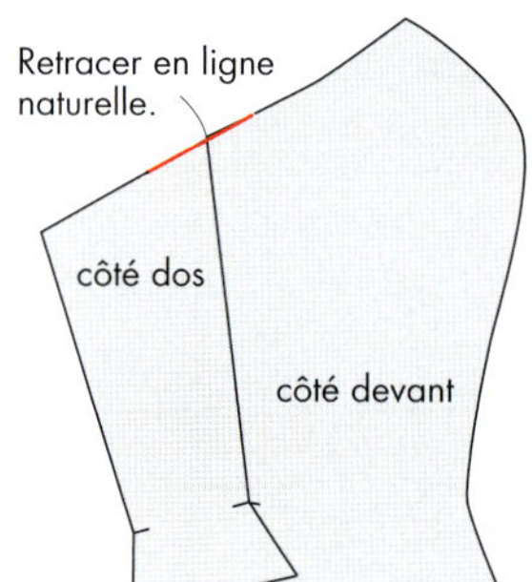

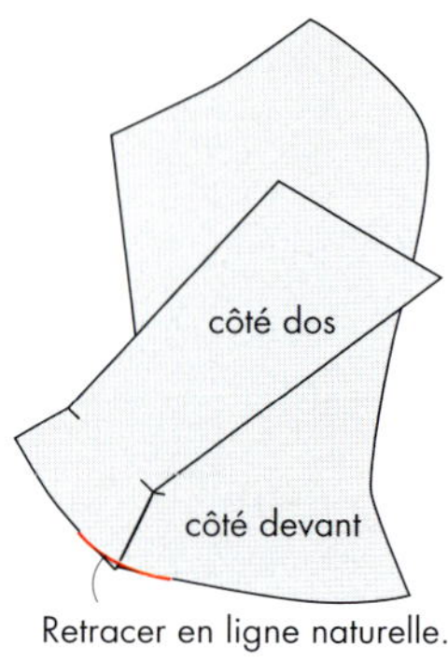

Reporter la mesure à ajouter ou à diminuer sur les patrons du côté devant et du côté dos, puis retracer la ligne de finition, sans changer la mesure du haut et du bas du corps.
Vérifier si la mesure des 2 parties à assembler est identique.
Retracer les lignes du haut et du bas du corps en ligne naturelle.

Ajuster le bassin de la coupe sirène.

Ajustement

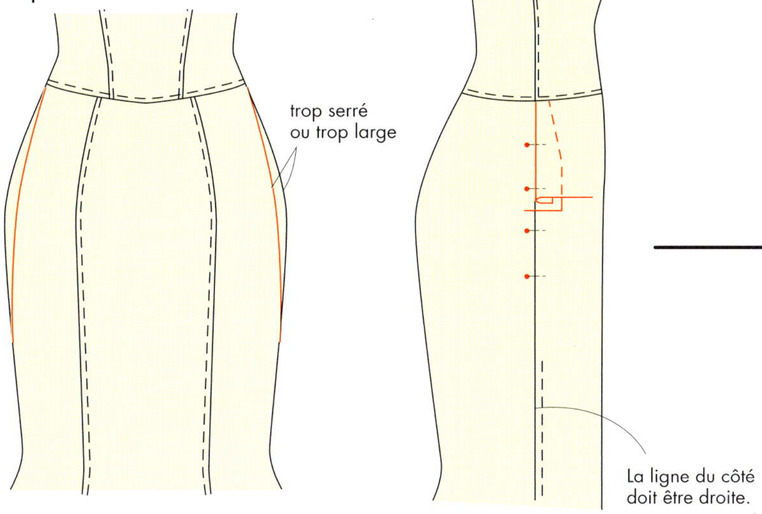

Modification des patrons

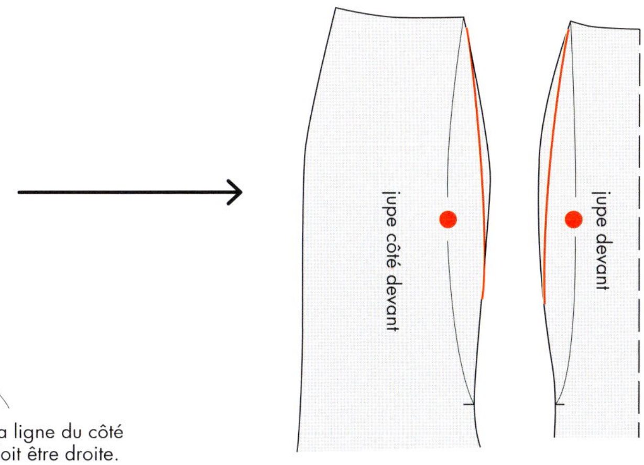

1 Défaire la couture du bassin, sur les côtés.
Plier pour resserrer ou ouvrir pour élargir la jupe.
Vérifier si la ligne de côté est droite.

2 Retracer la ligne de finition.
Vérifier si la mesure
des 2 parties à assembler
est identique.

Modifier la longueur de la jupe.

Ajustement

Modification des patrons

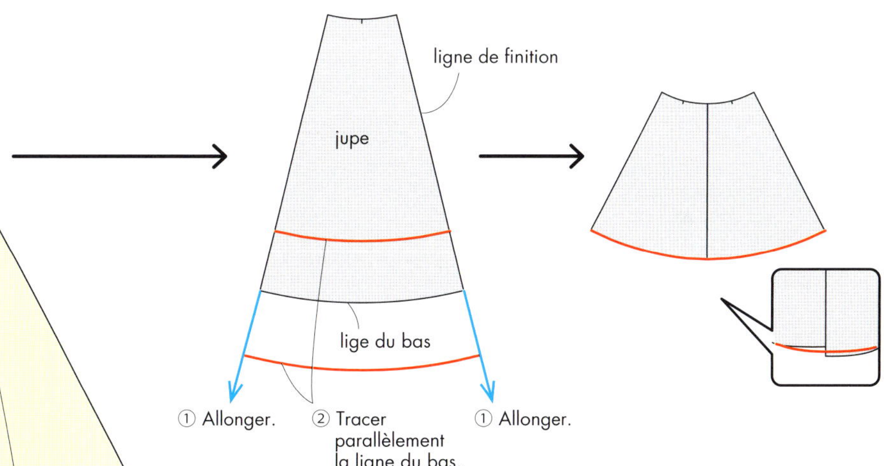

1 Porter les chaussures prévues pour l'occasion ainsi que la crinoline pour la robe à coupe trapèze ou princesse.
Vérifier la longueur de la jupe.
Si la crinoline n'est pas encore prête, ajouter environ 15 cm de marge pour pouvoir modifier la longueur de la jupe plus tard.

2 Pour allonger la jupe, allonger les lignes du côté, puis tracer parallèlement la ligne du bas.
Pour raccourcir, procéder à l'inverse. Raccourcir les lignes du côté, puis tracer parallèlement la ligne du bas.

3 Retracer la ligne du bas en ligne naturelle.
S'il y a un décalage entre les 2 pièces à assembler, tracer une ligne en passant par le milieu du décalage.

Élargir ou rétrécir le corps.

Ajustement

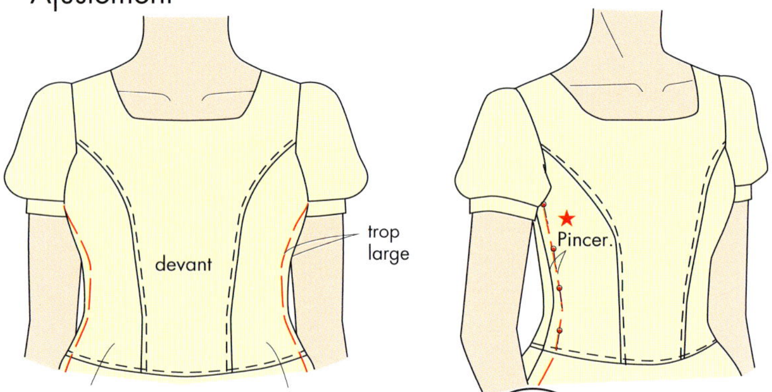

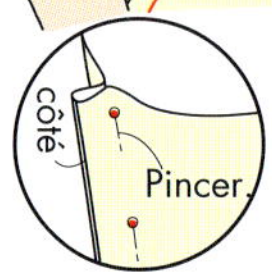

Modification des patrons

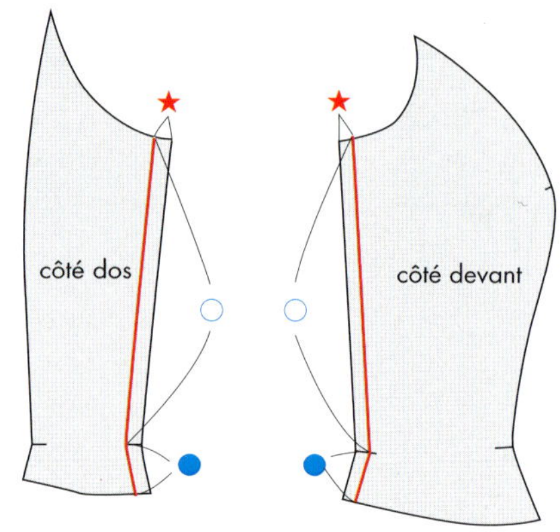

1 Si la mesure à ajuster est importante, 2 options : réaliser une toile d'essai avec une taille inférieure/supérieure ou bien défaire la couture du côté pour ajuster. Plier ou ouvrir le côté pour que le corps soit parfaitement ajusté.

2 Modifier la ligne du côté pour obtenir la même mesure sur les 2 parties à assembler.

Modification de la manche

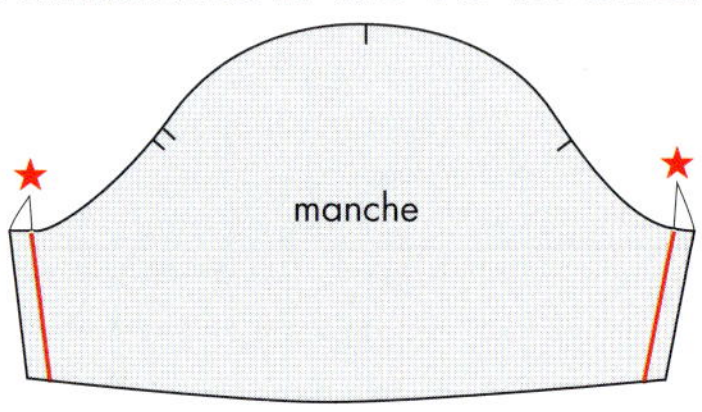

Pour un modèle avec manches, réduire ou élargir les côtés du patron de la manche.

Modification de l'emmanchure et du bas du corps

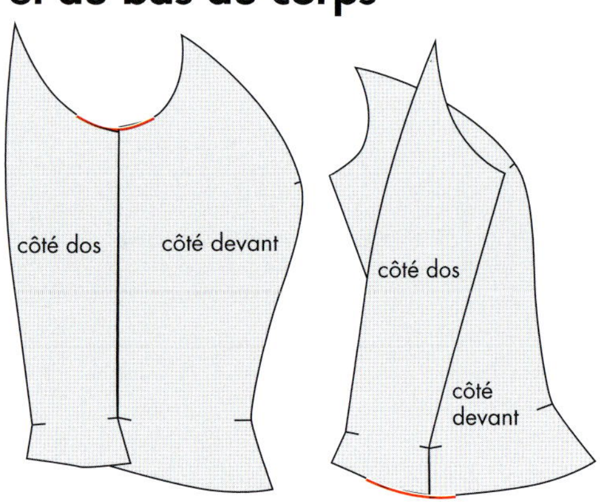

Retracer les lignes de l'emmanchure et du bas du corps en ligne naturelle.

Modification du patron des coupes sirène et trapèze

Modifier le haut de la jupe pour obtenir la même mesure que la ligne du bas du corps. Retracer la ligne du côté de la coupe sirène en courbe naturelle. Tracer parallèlement la ligne du côté de la coupe trapèze.

Coupe sirène
longueur du bas du corps (● + ○)
= longueur de la taille de la jupe (■ + □)

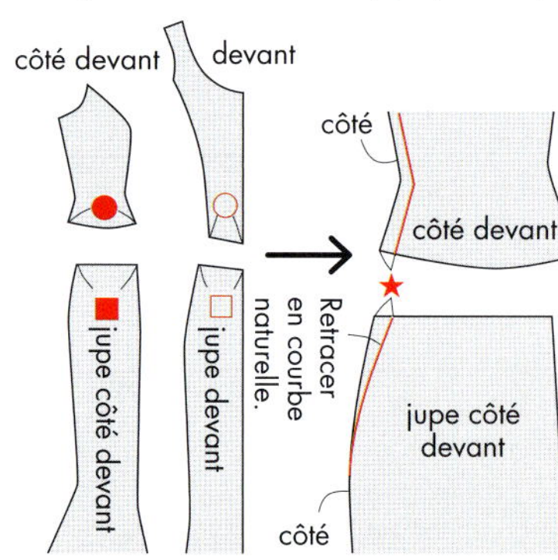

Coupe trapèze
longueur du bas du corps (● + ○)
= longueur de la taille de la jupe (■ + □)

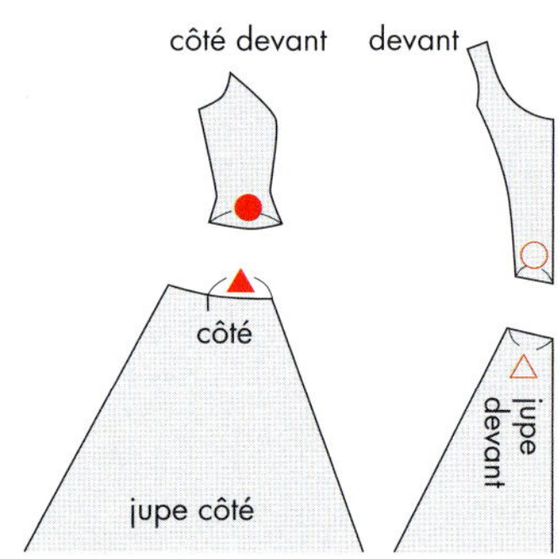

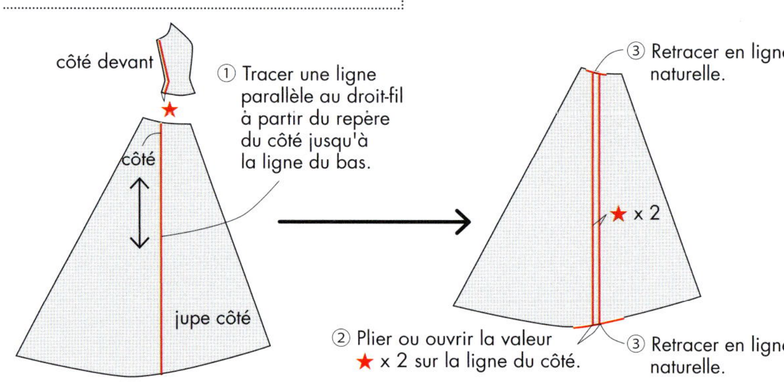

Coupe et couture

Après avoir finalisé les patrons, couper le tissu, puis coudre les pièces.

Coupe

Le métrage de tissu est très important et certaines pièces ne tiendront pas sur une table. Dans ce cas, poser le tissu directement sur le sol bien nettoyé.

Coupe du tissu fin

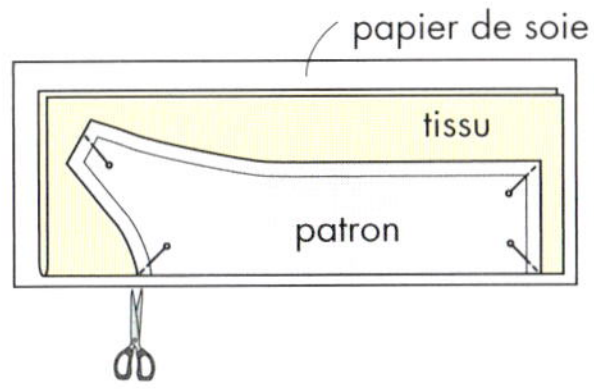

Le tissu fin, comme la mousseline et le satin, a tendance à se décaler. Étaler le tissu soigneusement sur la table ou au sol, puis couper pièce par pièce avec précision, si possible, avec un cutter rotatif. Il est également conseillé de poser le tissu sur un papier et d'épingler l'ensemble pour le couper sans décalage.

Repère

Marquer la ligne de finition avec du fil. Le marqueur et le papier carbone risquent de laisser des traces. Il est tout de même possible de les utiliser pour marquer les repères sur la doublure. Dans ce cas, faire un essai avec une chute de tissu et vérifier que le repère s'efface facilement.

Toile thermocollante

Le corps est thermocollé pour garder sa forme.
La toile thermocollante risque de rétrécir avec la chaleur. Il est donc conseillé de thermocoller le tissu avant la coupe.
Une toile thermocollante épaisse bi-élastique est conseillée. Éviter de choisir une toile thermocollante non-tissée.

Repassage

Adapter la température du fer à la matière du tissu.
Si la température est trop élevée, le tissu risque de fondre ou de rétrécir. Il est important de faire un essai avec une chute de tissu. En cas de repassage, poser une pattemouille sur l'endroit du tissu. Ne pas appuyer le fer trop fort sur l'envers du tissu afin de ne pas laisser de trace sur l'endroit.

Fils et aiguilles

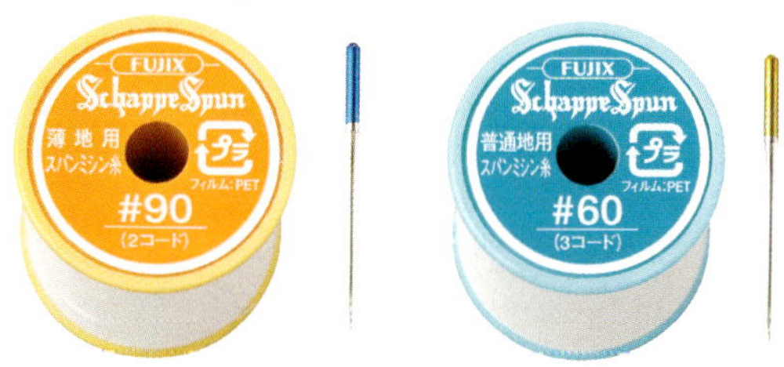

n° 90 n° 70 n° 60 n° 80

Choisir un fil n° 60 et une aiguille n° 80 pour le satin épais, le jacquard, le tulle ferme et le tulle à pois.
Un fil n° 90 et une aiguille n° 70 seront adaptés pour les coutures de la doublure et la mousseline.

Pose de fournitures

La pose de la fermeture à glissière invisible, de la baleine et du crin est expliquée ici.

Pose de la fermeture à glissière invisible

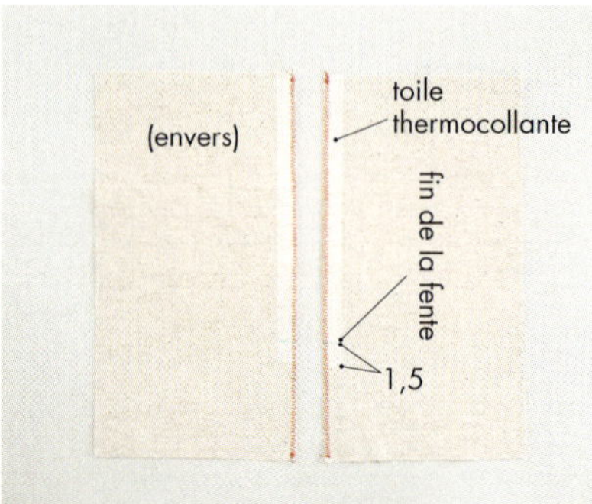

1 Fixer la toile thermocollante sur l'emplacement de la fermeture à glissière jusqu'à 1,5 cm en dessous de la fin de la fente. Surfiler le bord si le vêtement n'est pas doublé.

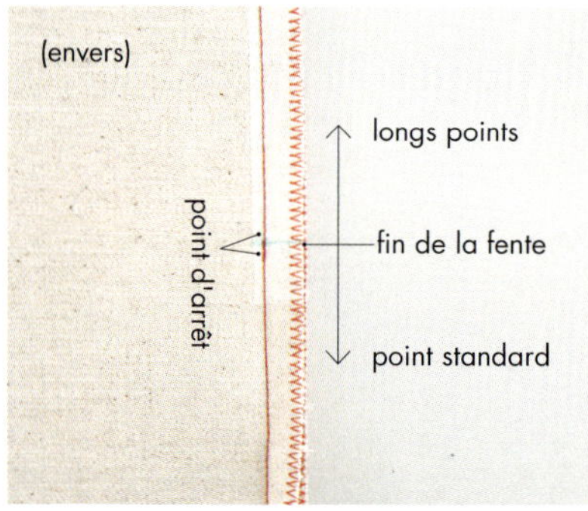

2 Superposer les 2 pièces, endroit contre endroit, puis piquer à longs points du haut jusqu'à la fin de la fente. Faire un point d'arrêt sur la fin de la fente, puis piquer au point standard jusqu'au bas.

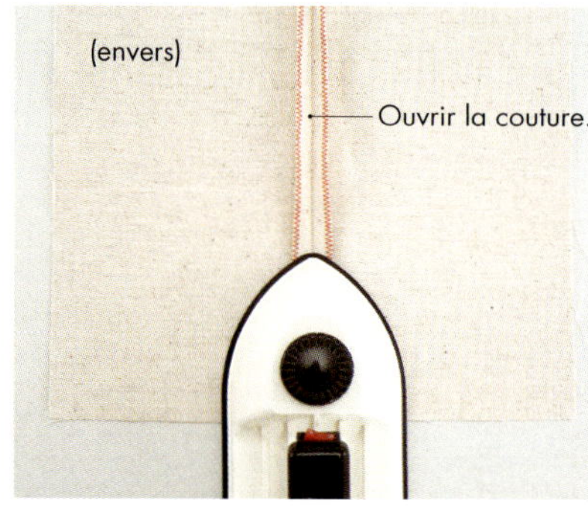

3 Ouvrir la couture.

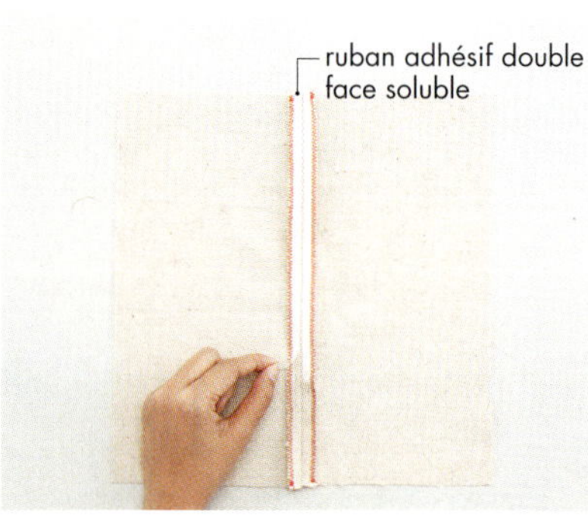

4 Coller du ruban adhésif double face soluble sur les marges.

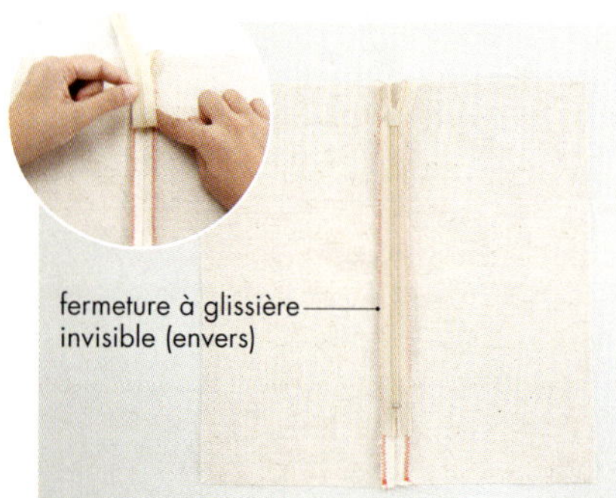

5 Faire coïncider la couture et le milieu de la fermeture à glissière, puis coller. À défaut de ruban adhésif double face, bâtir sur les marges.

6 Défaire la couture du haut jusqu'à la fin de la fente.

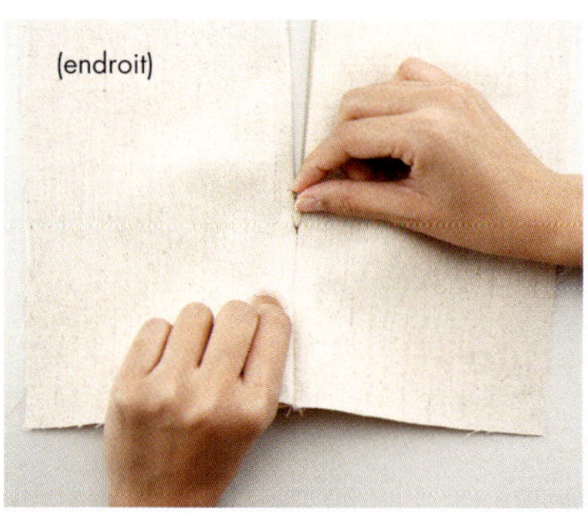

7 Sortir le curseur sur l'envers du tissu.

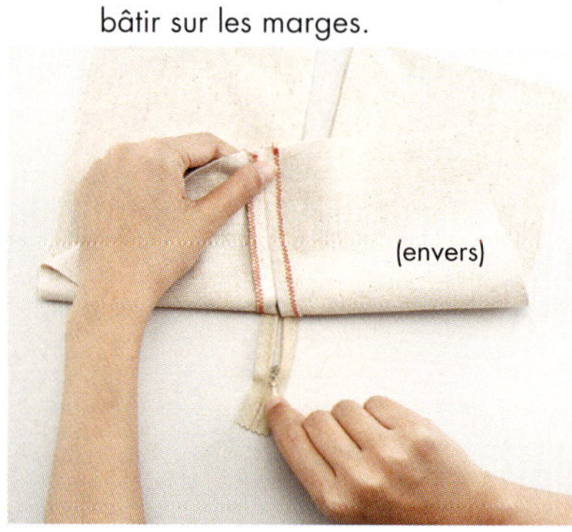

8 Baisser le curseur.

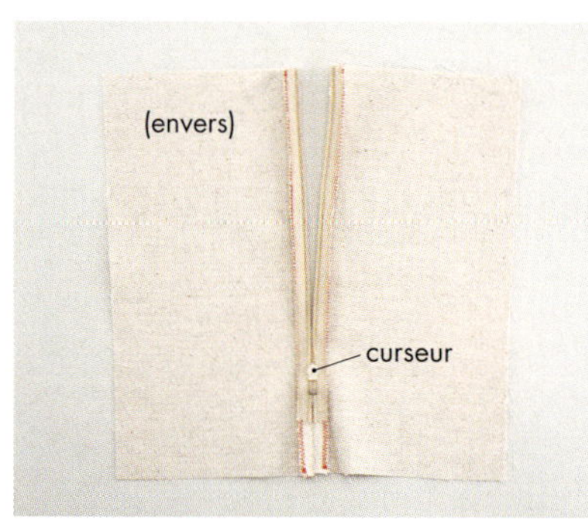

9 Le curseur est baissé jusqu'à l'arrêt du bas.

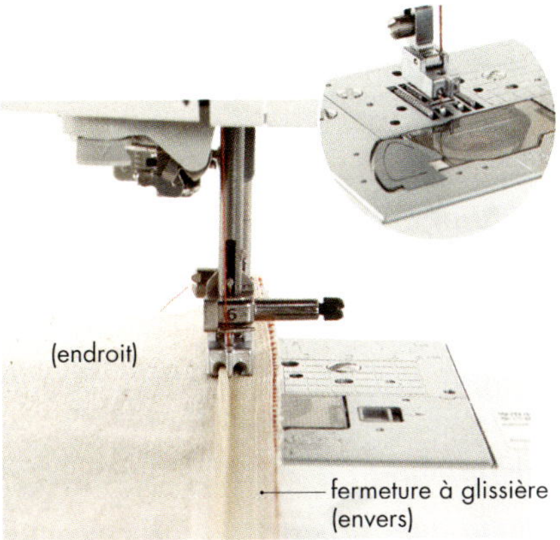

10 Placer le pied pour fermeture invisible. Déplier la marge et placer les crans dans la rainure du pied. Piquer au ras des crans.

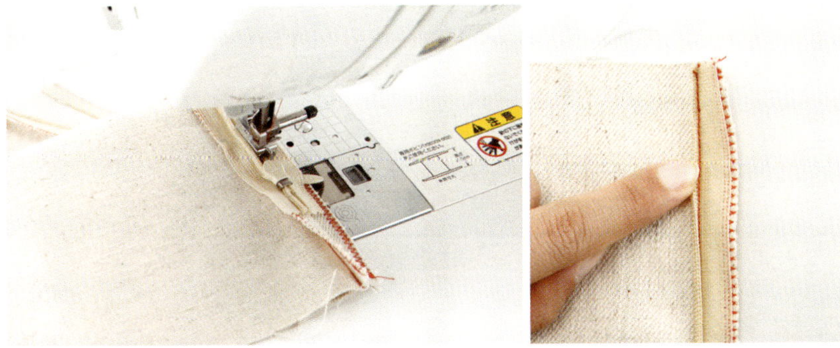

11 Piquer jusqu'à la fin de la fente.
Écarter les crans pour vérifier si la couture est bien effectuée au ras des crans.

12 Vue de l'envers.

13 Placer les crans de l'autre bord dans la rainure du pied, puis piquer au ras des crans.

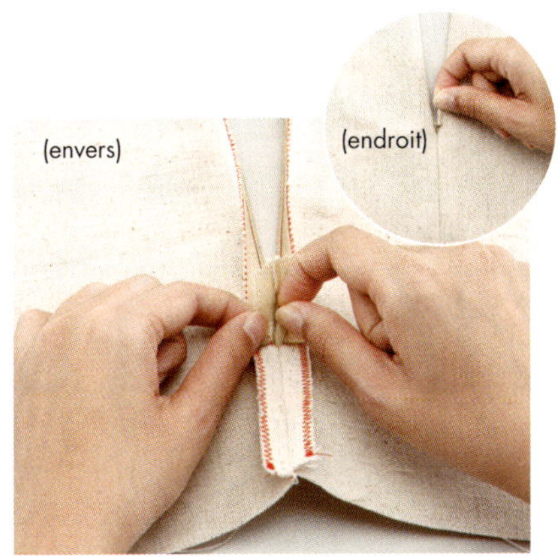

14 Sortir le curseur sur l'endroit.

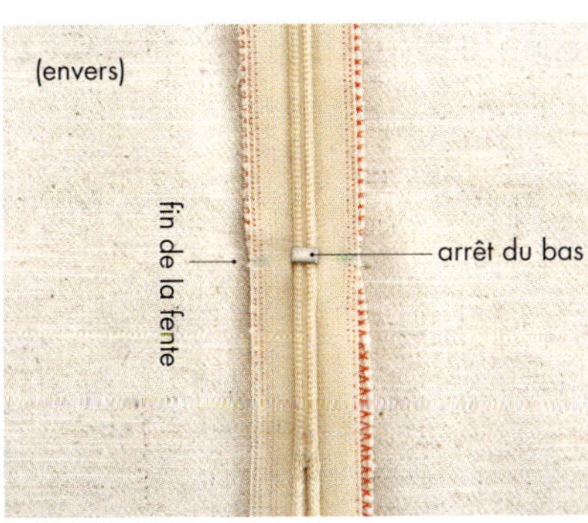

15 Déplacer l'arrêt du bas jusqu'à la fin de la fente.

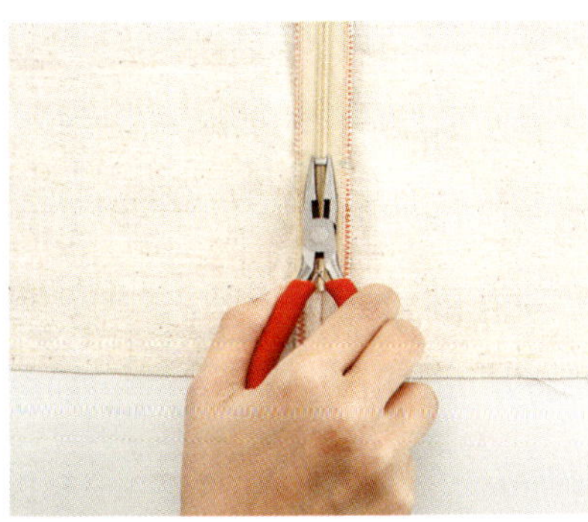

16 Pincer l'arrêt du bas pour le fixer.

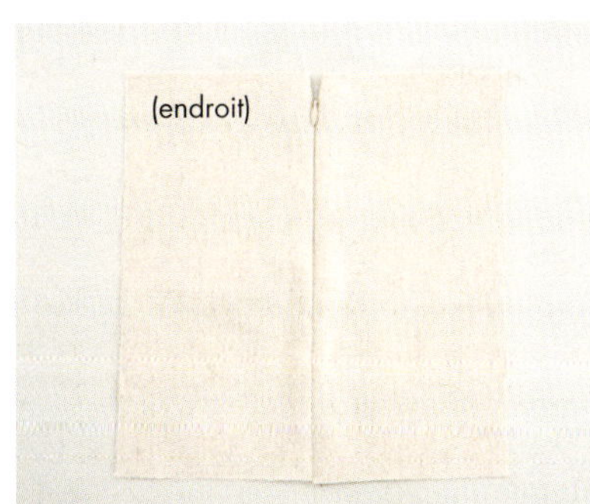

17 La fermeture à glissière invisible est posée. Les crans ne sont pas visibles sur l'endroit.

Pose d'une baleine

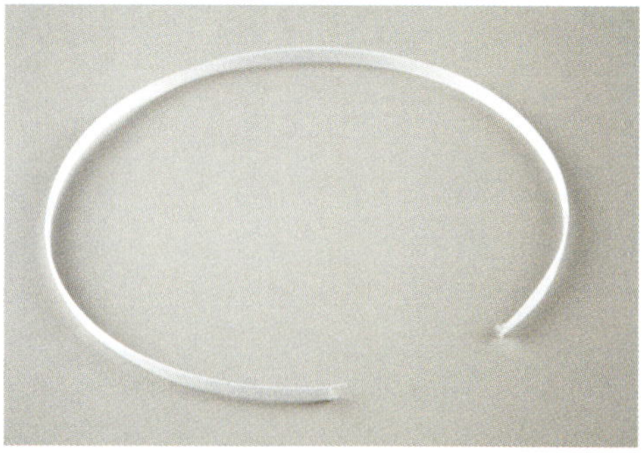

La baleine permet de stabiliser
et de maintenir le bustier sur le corps.

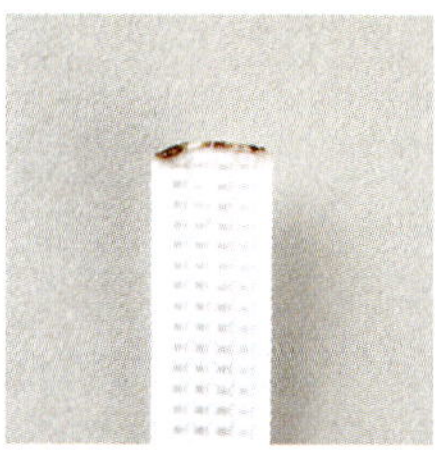

Finition de l'extrémité

Placer un embout protecteur sur l'extrémité de la baleine pour ne pas abîmer le tissu. Si la baleine est en polypropène ou en polyester, il est possible de brûler l'extrémité pour l'arrondir.

Sens de la baleine

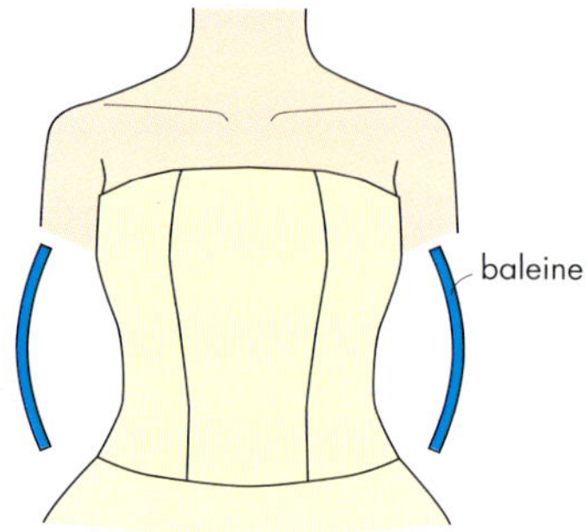

Insérer la baleine en disposant la courbe vers l'extérieur.

Pose

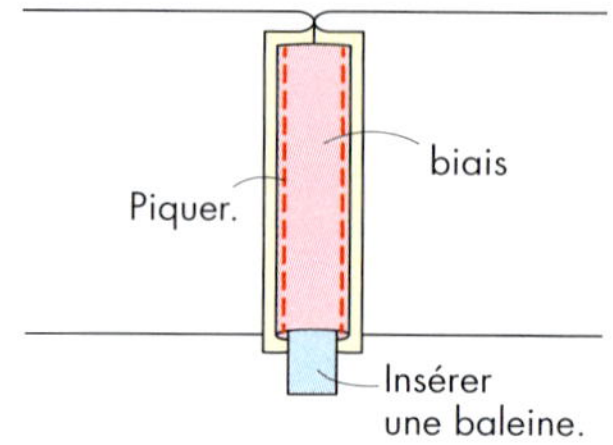

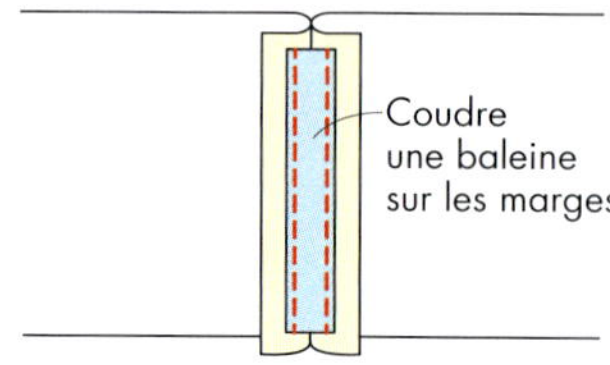

Coudre un biais sur les marges de la doublure pour réaliser une coulisse. Y insérer la baleine. La baleine en polypropène peut être cousue directement sur les marges.

Pose du crin

Le ruban crin est composé de fibre synthétique.
Posé au bas d'une jupe il apporte de la fermeté.

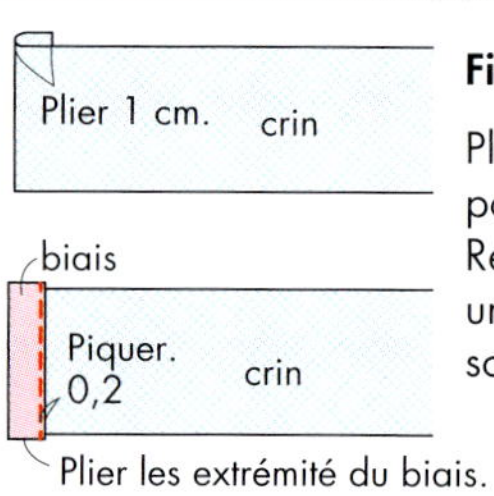

Finition de l'extrémité

Plier l'extrémité sur 1 cm pour une finition rapide. Recouvrir l'extrémité avec un biais pour une finition soignée.

Pose facile (marge de 1 cm)

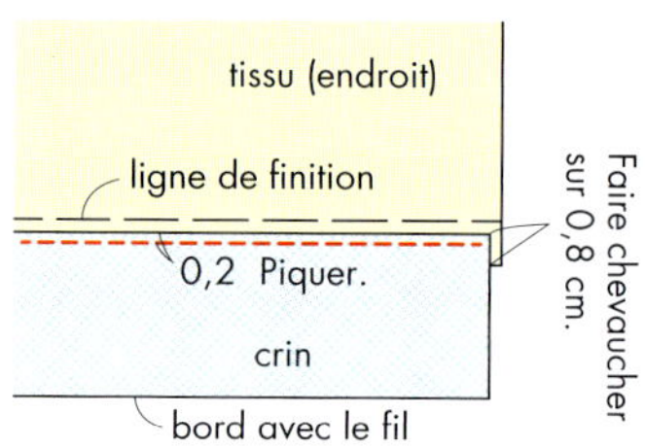

1 Faire chevaucher le crin sur 0,8 cm sur l'endroit du tissu, puis piquer à 0,2 cm du bord.

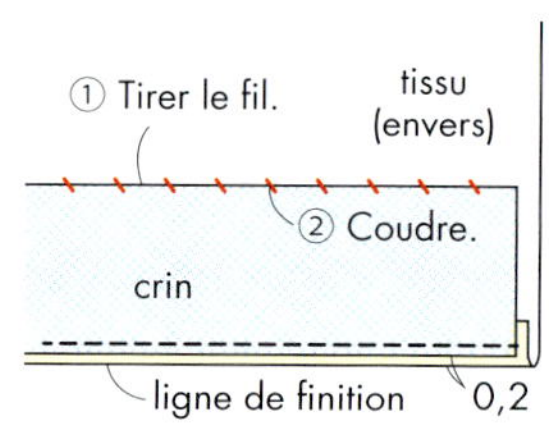

2 Rabattre le crin sur l'envers du tissu, puis coudre à la main.

Crin caché (marge = largeur du crin + 0,2 cm)

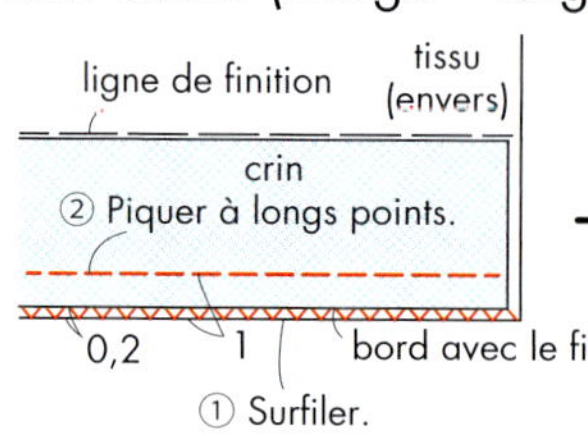

1 Poser le crin à 0,2 cm du bord du tissu, et sur l'envers. Piquer à longs points.

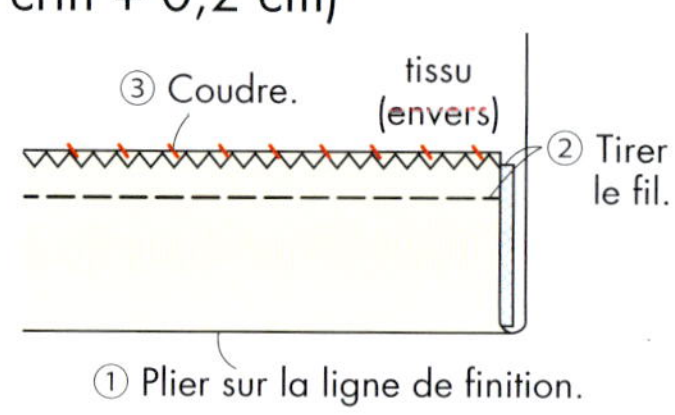

2 Plier la marge sur la ligne de finition. Tirer le fil pour ajuster la forme de la marge à la courbe, puis coudre le bord du tissu à la main.

Explications

Avant de commencer

• S'il y a plusieurs mesures indiquées dans les fournitures et les explications, elles correspondent, de gauche à droite ou de haut en bas, aux tailles 34/36/38/40/42/44/46/48.

• Le métrage du tissu est indiqué dans l'ordre largeur x longueur. Prévoir plus de métrage si un raccord des motifs est nécessaire.

• L'unité de mesure est le centimètre, sauf indication contraire.

• Le plan de coupe est indiqué pour la taille 36. Il peut être différent selon la taille et la largeur du tissu choisies. Il est important de poser tous les patrons sur le tissu avant de couper les pièces.

• Certaines pièces rectangulaires n'ont pas de patron dans l'encart. Tracer le patron suivant les mesures indiquées sur le plan de coupe.

Réalisation du patron à partir du tracé

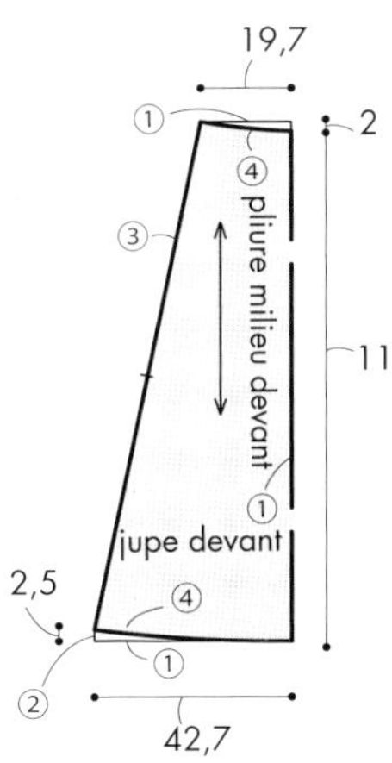

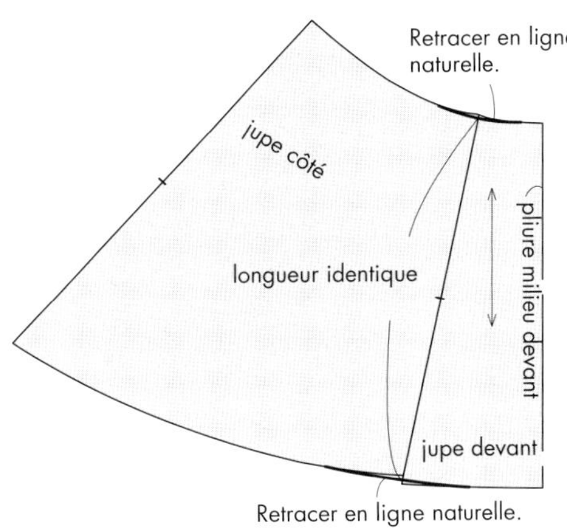

1 Tracer les longues lignes extérieures. Mesurer les petites valeurs indiquées, puis tracer les lignes intérieures.

2 Faire coïncider les 2 parties à assembler pour vérifier si la longueur est bien identique. Retracer la ligne pour obtenir une ligne naturelle.

A

Encolure arrondie & coupe trapèze

p. 6

Dimensions
(de gauche à droite pour les tailles 34/36/38/40/42/44/46/48)
Hauteur dos du corps : 29/29,2/29,4/29,6/29,8/30/30,2/30,4 cm
Longueur du devant de la jupe : 103/103,5/104/104,5/105/105,5/106/106,5 cm

Patrons en taille réelle
Haut à encolure arrondie
Face A <1>
1. devant,
2. côté devant,
3. dos,
4. côté dos,
5. doublure devant,
6. doublure côté devant,
7. doublure dos,
8. doublure côté dos,
9. parementure devant,
10. parementure côté devant,
11. parementure dos,
12. parementure côté dos,
13A. nœud bas,
13B. nœud bas.

Coupe trapèze
Face A <7>
1. jupe devant,
2. jupe côté,
3. jupe dos.

Fournitures
Les métrages sont donnés, de gauche à droite, pour les 34 à 40/42 à 48.
- 152 x 740/770 cm de jacquard
- 112 x 290 cm de satin
- 110 x 60 cm de doublure
- 92 x 120/140 cm de toile thermocollante
- 1 fermeture à glissière invisible de 56 cm de long
- 1 paire d'agrafes à ressorts
- 2 boutons-pression de ø 1,5 cm
- 510/530 cm de crin de 5 cm de large

Plans de coupe
※ Ajouter 1 cm de marge de couture, sauf indication contraire.
※ Thermocoller les pièces indiquées en gris.
※ La marge de l'emmanchure du corps et de la parementure est de 1 cm.

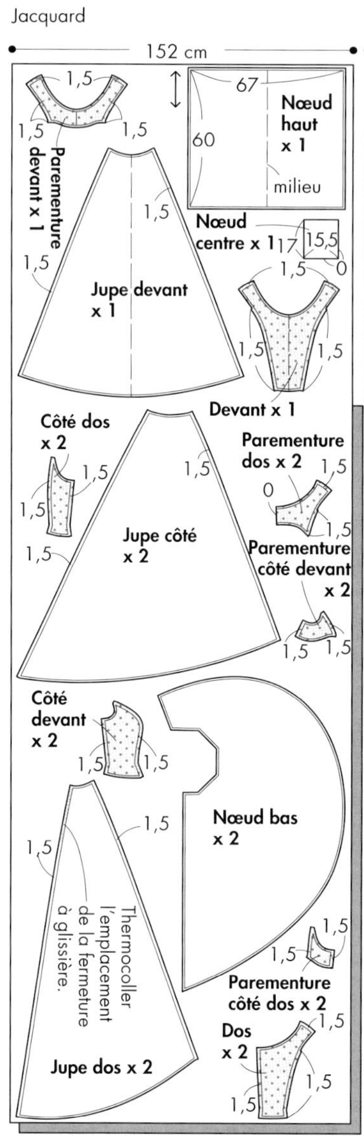

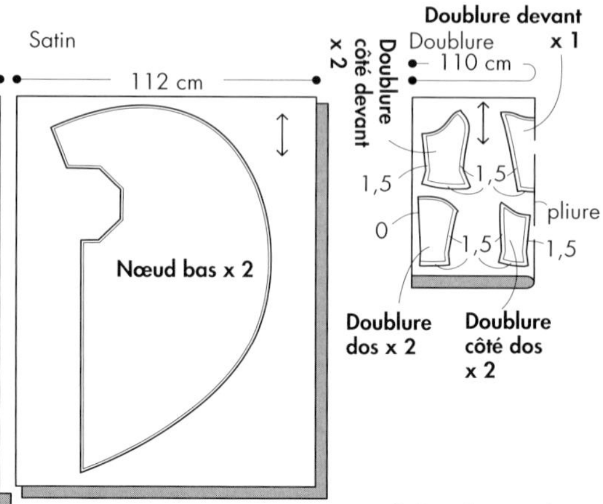

Réalisation

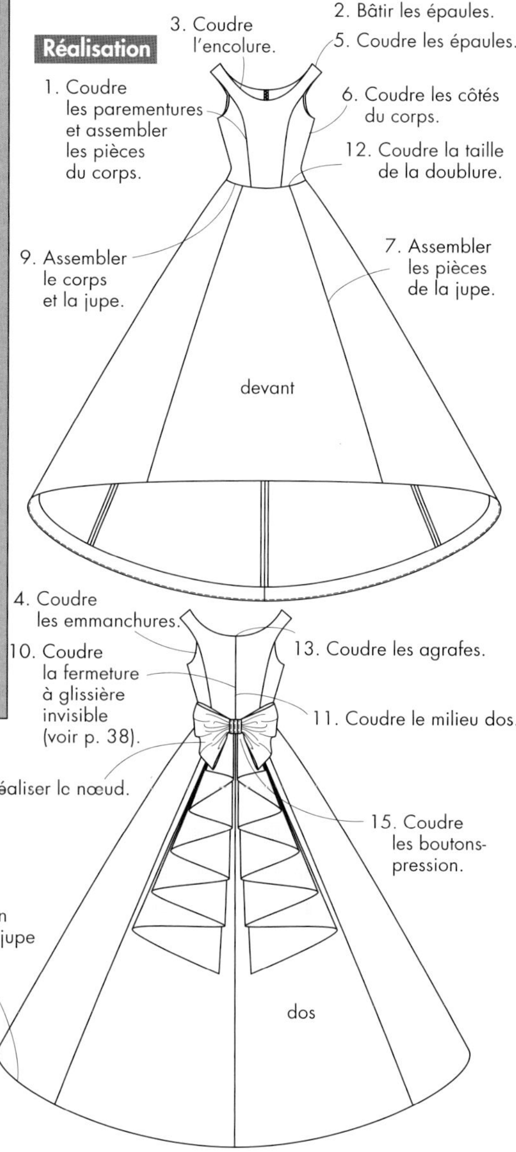

Réalisation

1. Coudre les parementures et assembler les pièces du corps.

※ Pour ajouter un corset à lacet, le réaliser après l'étape ③ (voir p. 55, étape **2**).

① Coudre la doublure dos et la parementure dos, endroit contre endroit. Rabattre les marges vers la doublure.

② Coudre la doublure dos, la doublure devant et la doublure côté devant de la même manière.

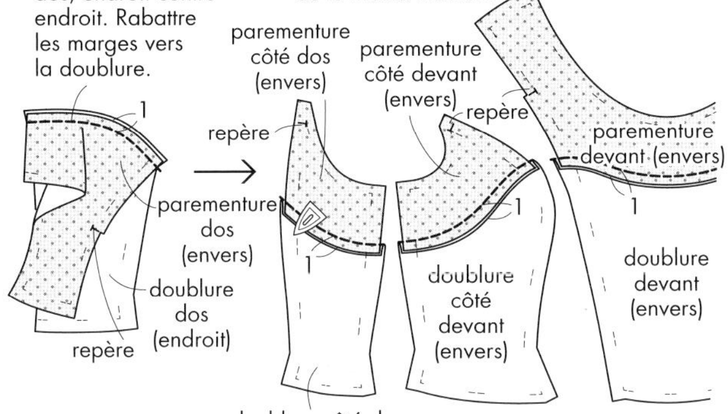

③ Surfiler le milieu dos.

④ Coudre le dos et le côté dos, endroit contre endroit. Ouvrir la couture.

※ Coudre le dos gauche de la même manière.

⑤ Coudre le devant et le côté devant de la même manière.

⑥ Assembler les pièces de doublure de la même manière.

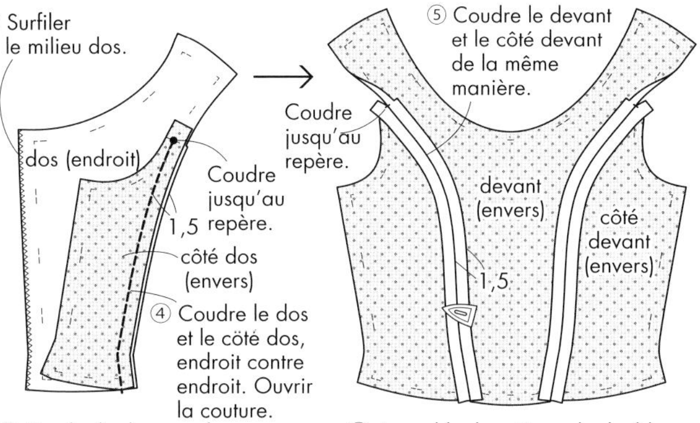

2. Bâtir les épaules.

① Superposer le devant et le dos, endroit contre endroit, puis bâtir. Ouvrir la couture.

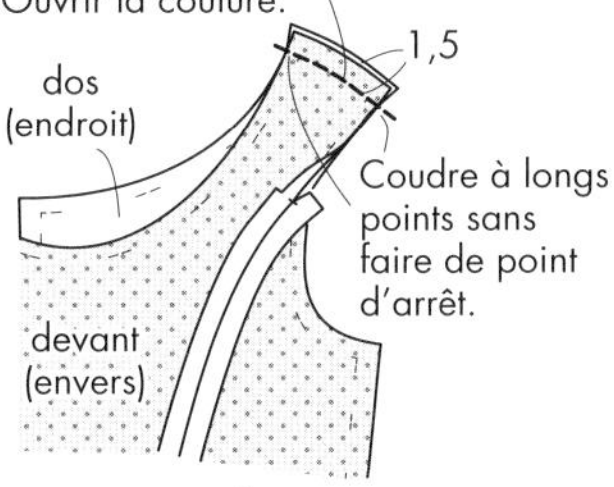

② Bâtir les épaules de la parementure de la même manière.

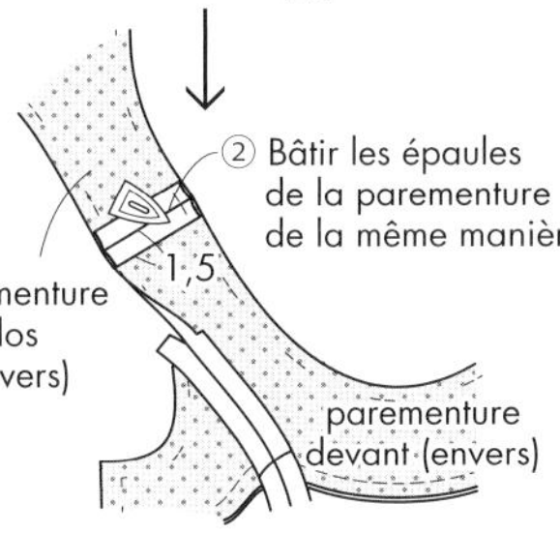

3. Coudre l'encolure.

Superposer le corps et sa doublure, endroit contre endroit, puis coudre l'encolure.

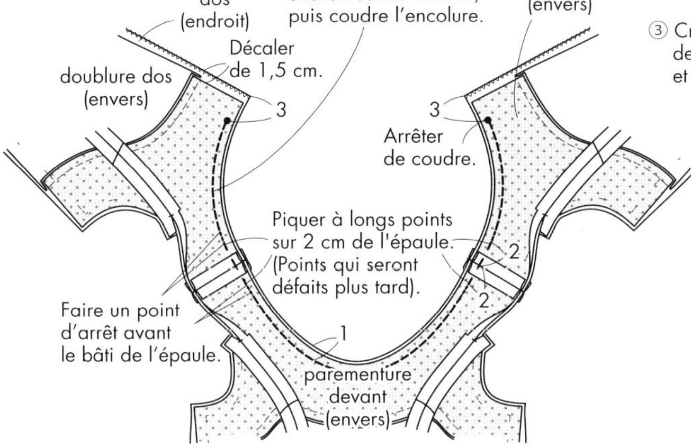

4. Coudre les emmanchures.

① Superposer le corps et la parementure, endroit contre endroit, puis coudre les emmanchures devant et dos.

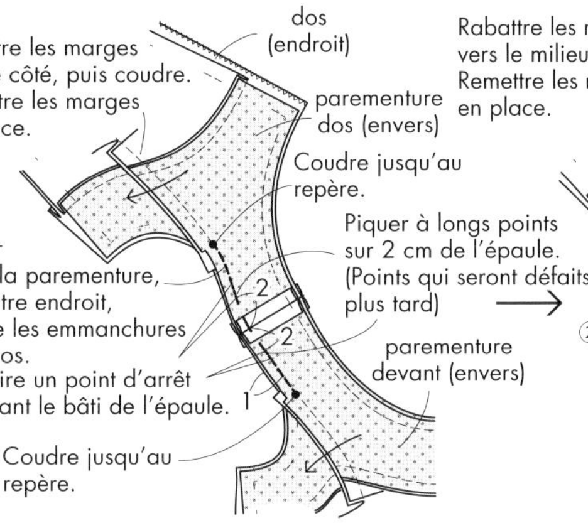

② Coudre l'emmanchure du côté devant et dos.

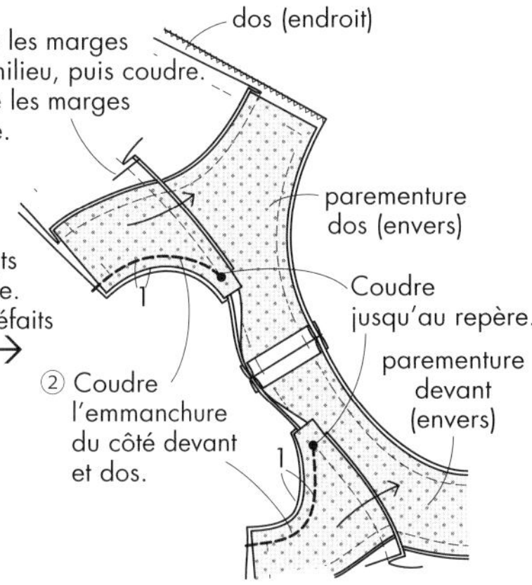

③ Cranter les marges de l'encolure et de l'emmanchure.

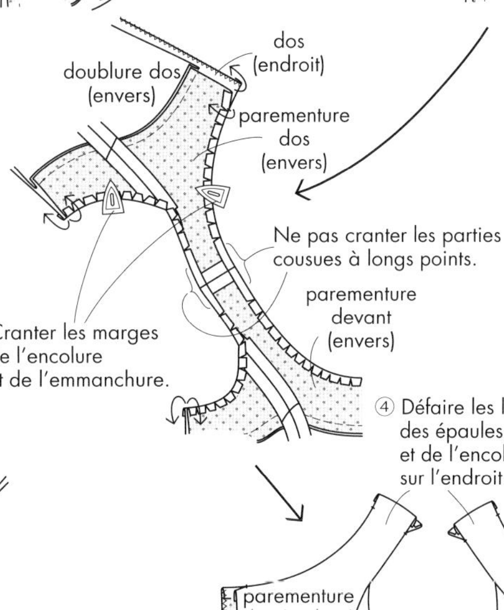

④ Défaire les longs points des épaules, des emmanchures et de l'encolure, puis retourner sur l'endroit.

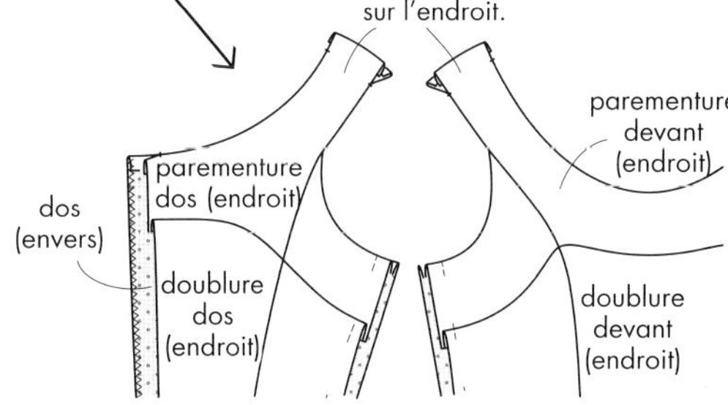

5. Coudre les épaules.

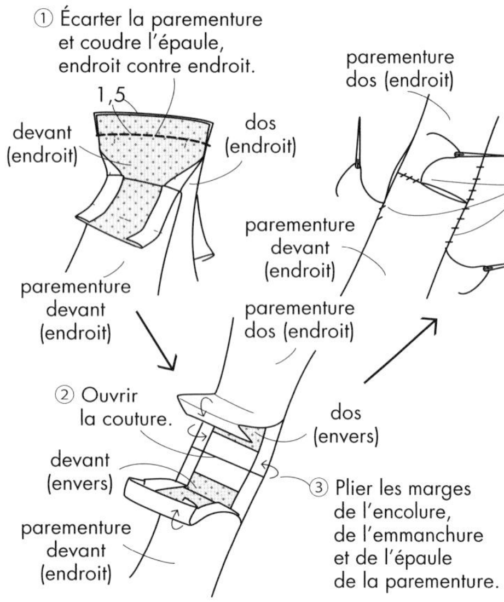

6. Coudre les côtés du corps.

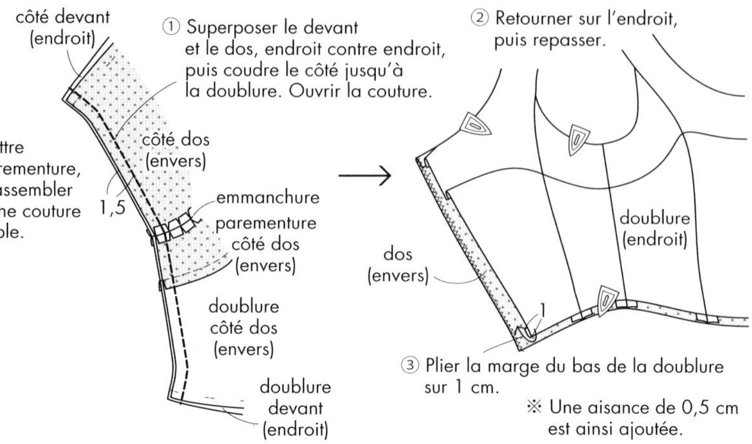

7. Assembler les pièces de la jupe.

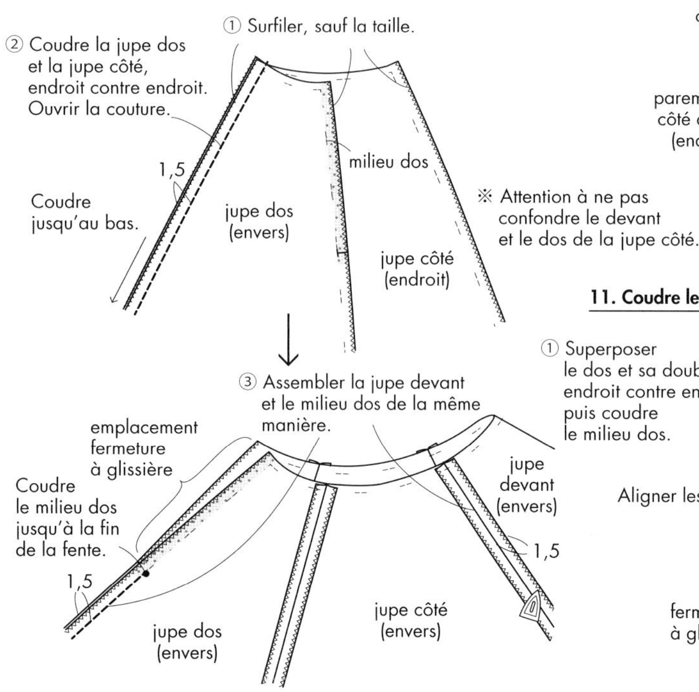

9. Assembler le corps et la jupe.

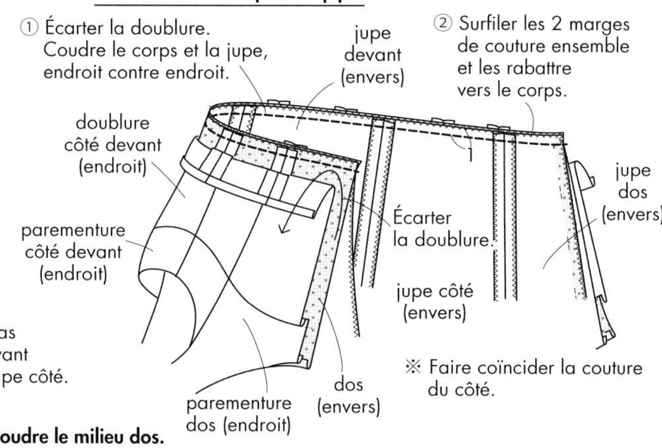

11. Coudre le milieu dos.

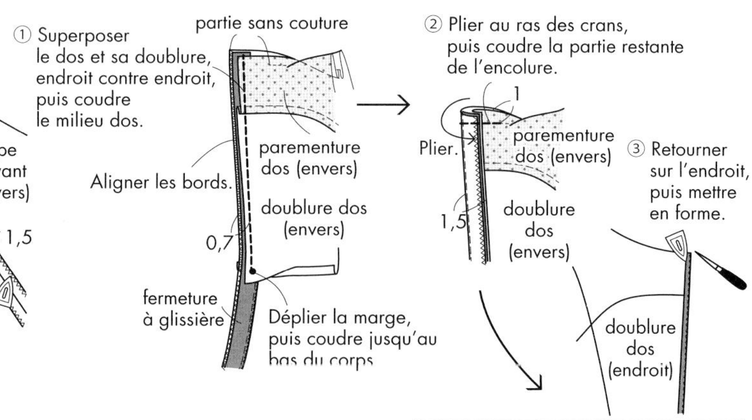

12. Coudre le bas de la doublure.

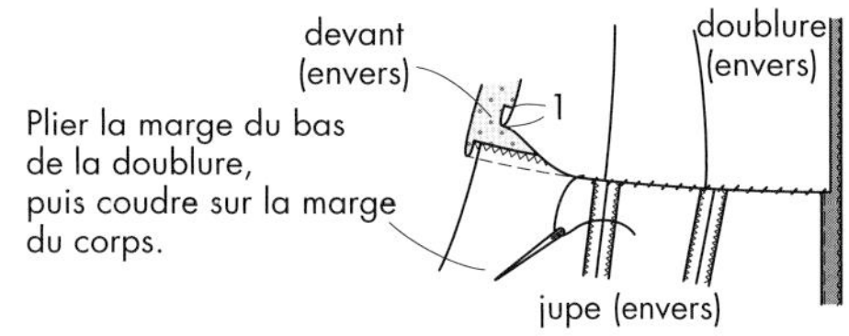

13. Coudre les agrafes.

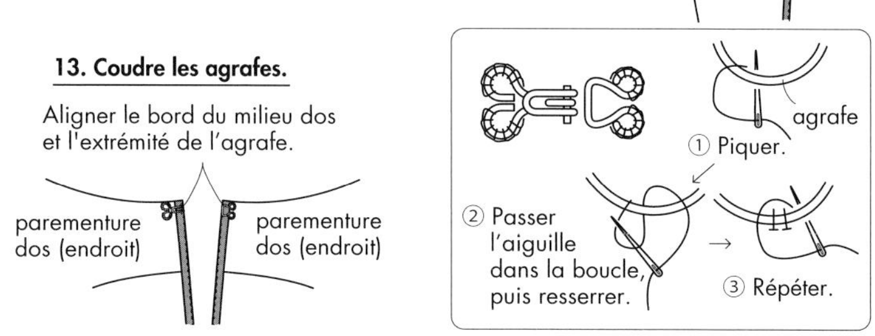

14-1. Réaliser le centre du nœud.

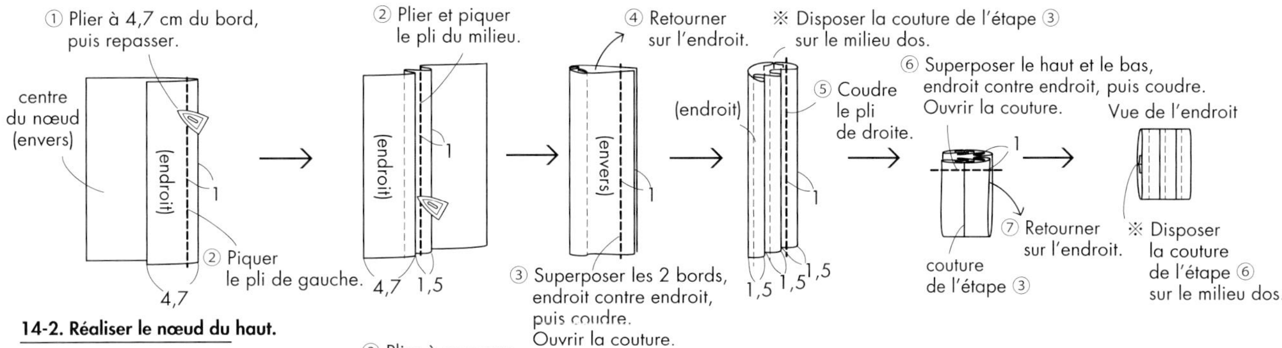

14-2. Réaliser le nœud du haut.

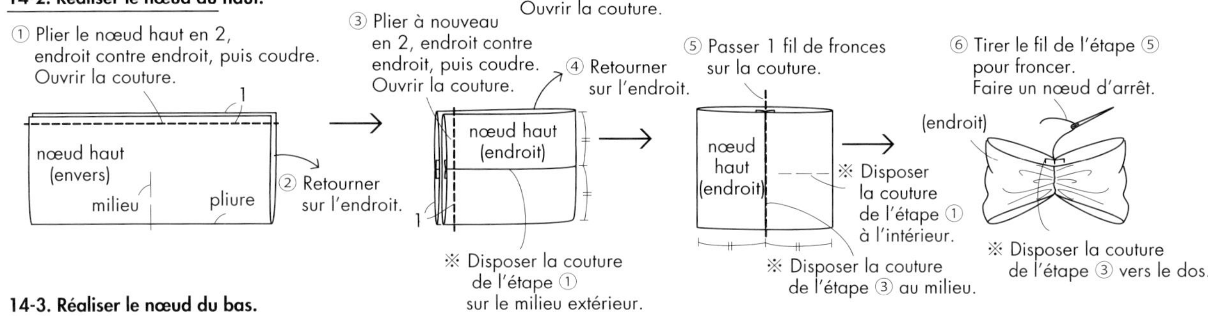

14-3. Réaliser le nœud du bas.

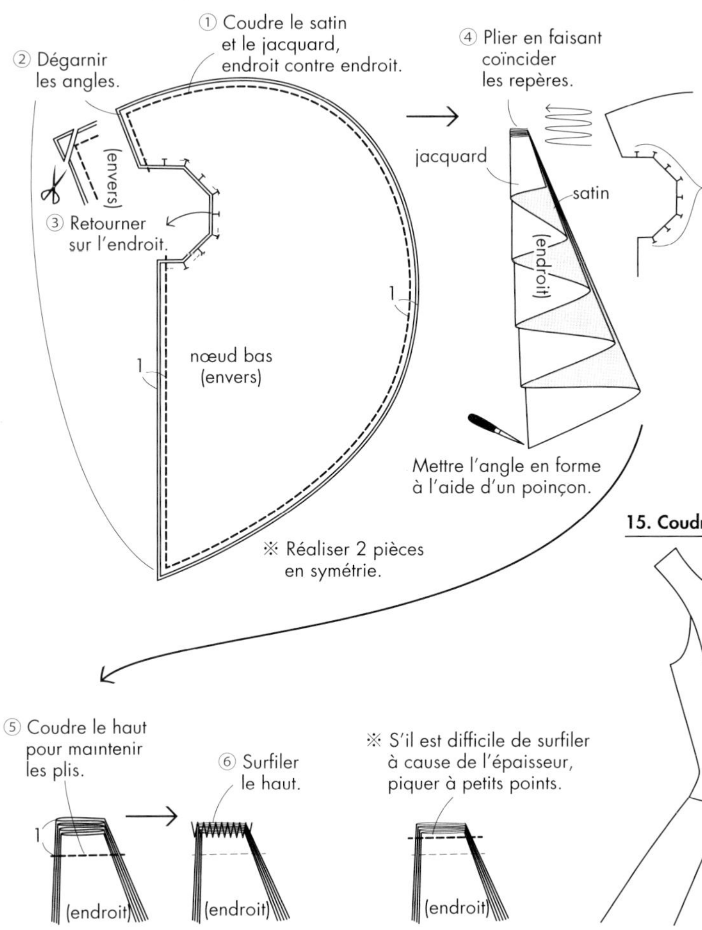

14-4. Assembler les pièces du nœud.

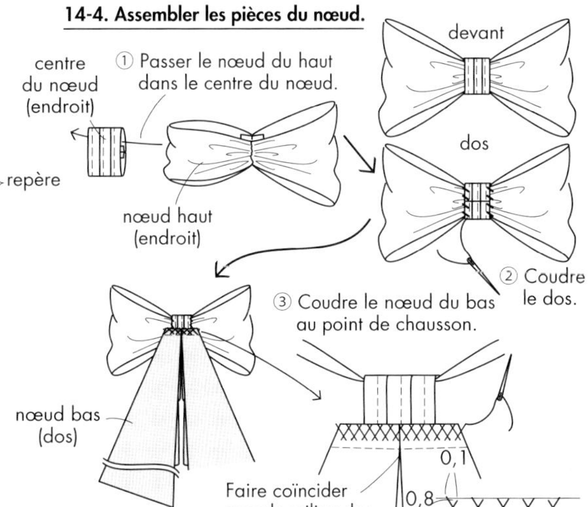

15. Coudre les boutons-pression.

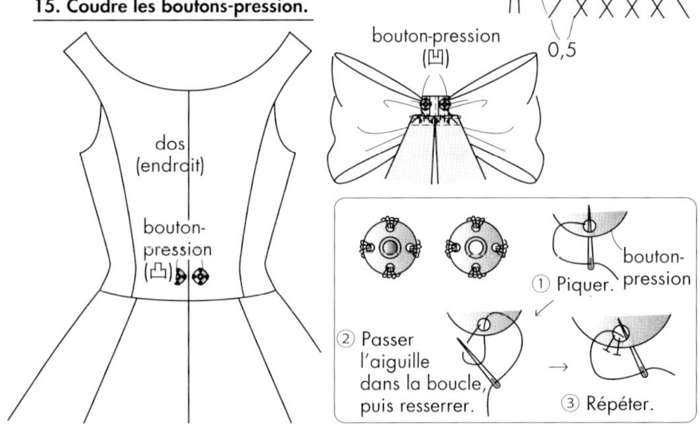

B

Bustier droit & coupe sirène

p. 8

Dimensions
(de gauche à droite pour les tailles 34/36/38/40/42/44/46/48)
Hauteur dos du bustier : 16,7/17/17,3/17,6/17,9/18,2/18,5/18,8 cm
Longueur du devant de la jupe : 103/103,5/104/104,5/105/105,5/106/106,5 cm

Patrons en taille réelle
Bustier droit
Face B <2>
1. devant,
2. côté devant,
3. dos,
4. côté dos,
5. doublure devant,
6. doublure côté devant,
7. doublure dos,
8. doublure côté dos,
9. parementure devant,
10. parementure dos.

Coupe sirène
Face C <8>
1. jupe devant,
2. jupe côté devant,
3. jupe dos,
4. jupe côté dos.

Fournitures
Les métrages sont donnés, de gauche à droite, pour les 34 à 40/42 à 48.
- 130 x 400/440 cm de jacquard
- 110 x 400/430 cm de doublure
- 92 x 490/510 cm de toile thermocollante
- 1 fermeture à glissière invisible de 56 cm de long
- 1 paire d'agrafes à ressorts
- 2 boutons-pression de ø 1,5 cm
- 170 cm de biais de 1,5 cm de large
- 150/160 cm de baleine de 0,8 cm de large
- 12 embouts protecteurs pour baleine

Plans de coupe

※ Ajouter 1 cm de marge de couture, sauf indication contraire.
※ Thermocoller les pièces indiquées en gris.

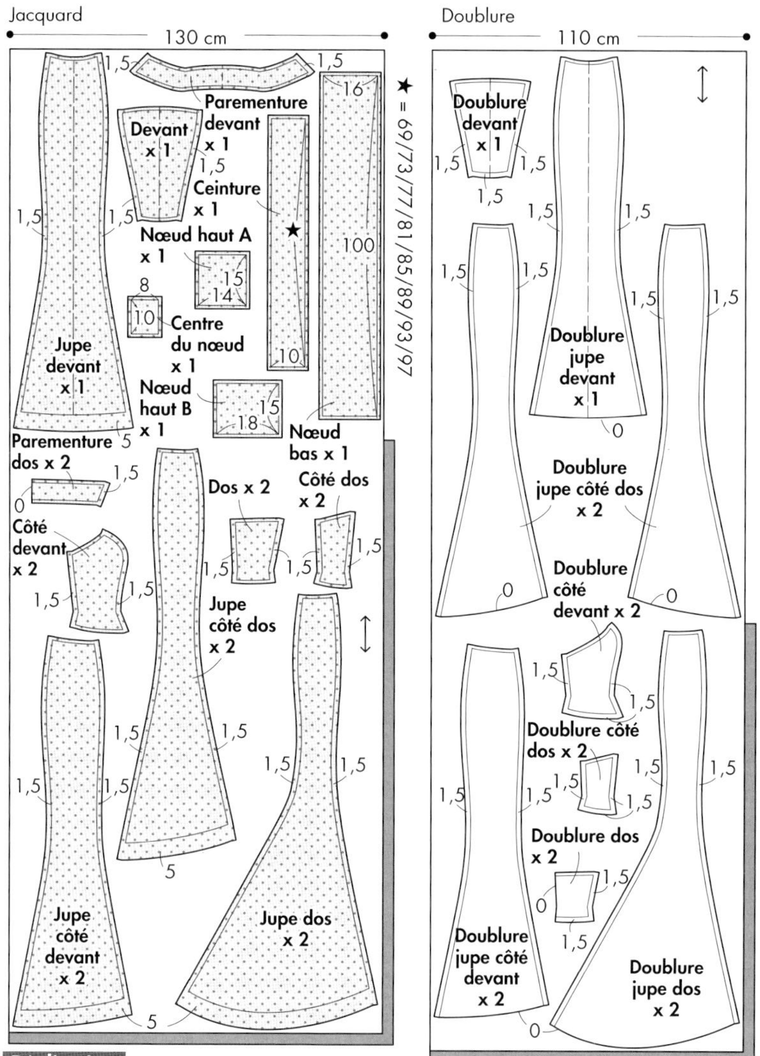

Réalisation

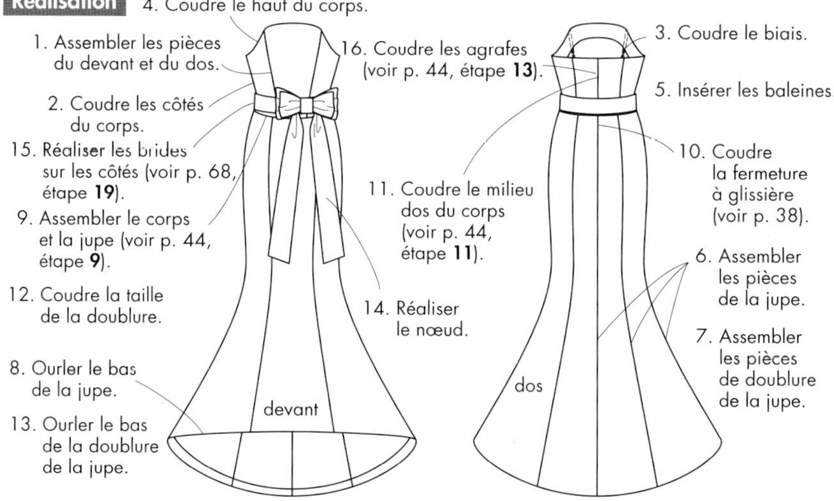

Réalisation

※ Pour ajouter un corset à lacet, le réaliser après l'étape ③ (voir p. 55, étape **2**).

1. Assembler les pièces du devant et du dos.

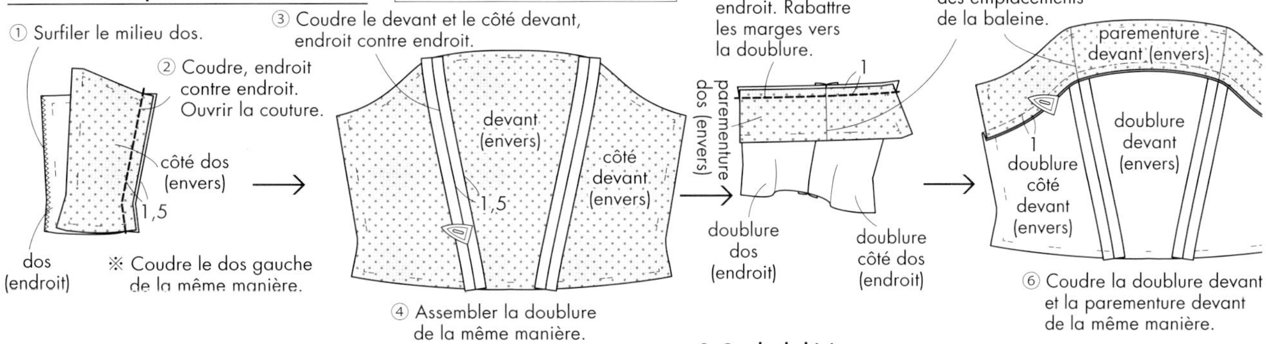

2. Coudre les côtés du corps.

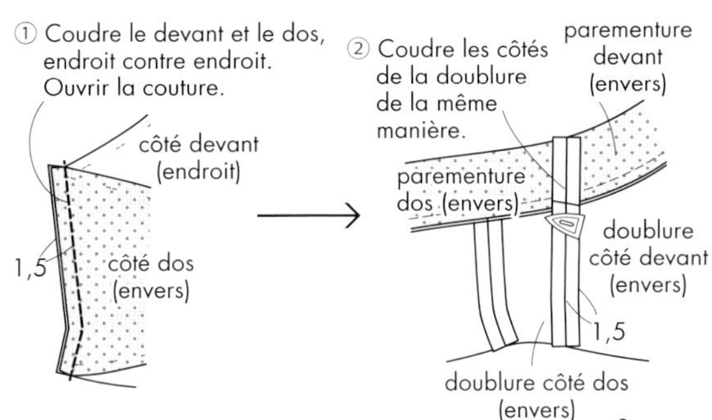

3. Coudre le biais.

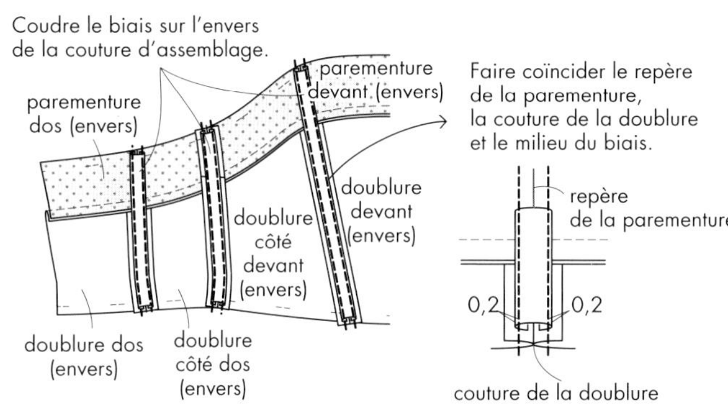

4. Coudre le haut du corps.

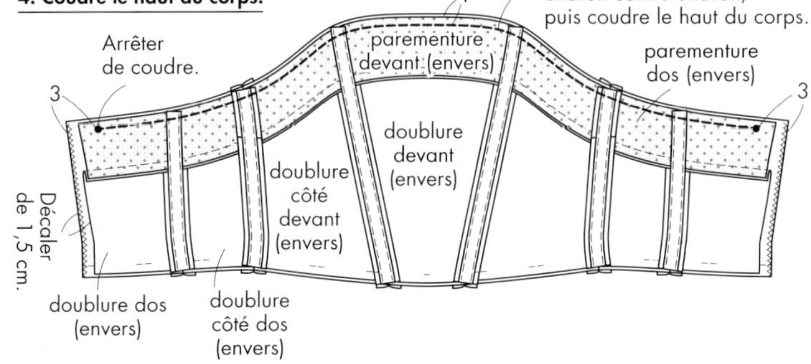

5. Insérer les baleines.

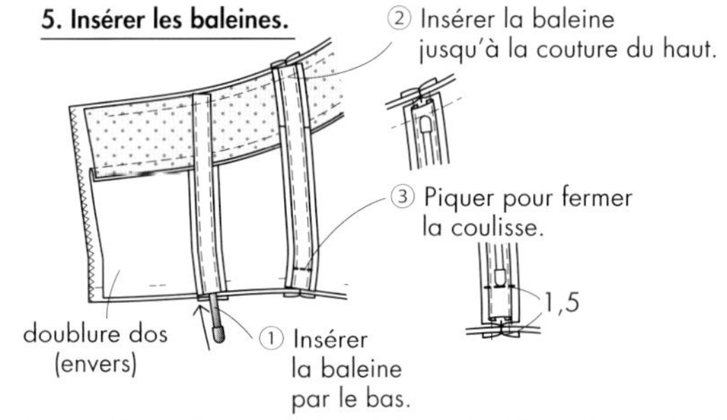

※ Voir p. 40 pour le sens de la baleine et la finition des extrémités.
※ Retourner sur l'endroit. Plier la marge du bas de la doublure (voir p. 44, étape **6**-② et ③).

6. Assembler les pièces de la jupe.

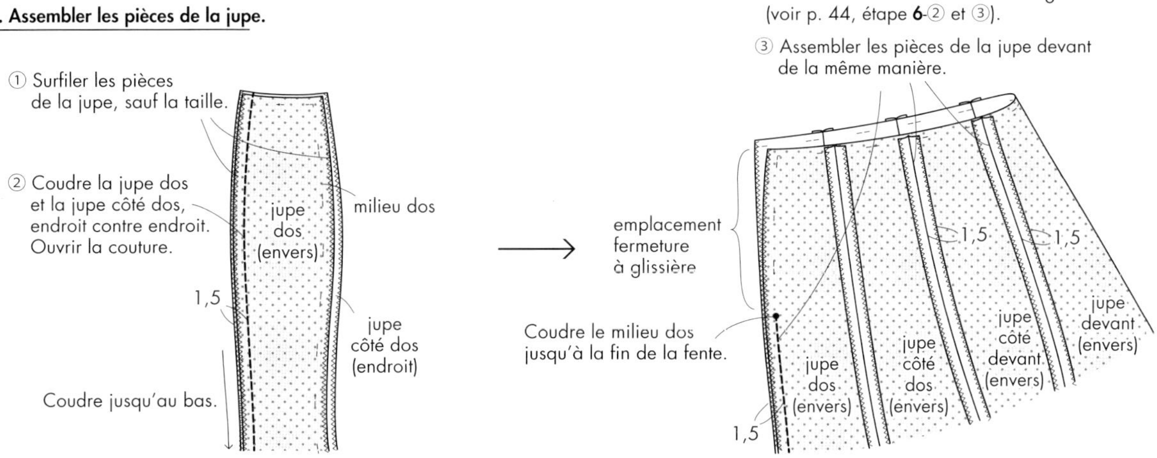

7. Assembler les pièces de doublure de la jupe.

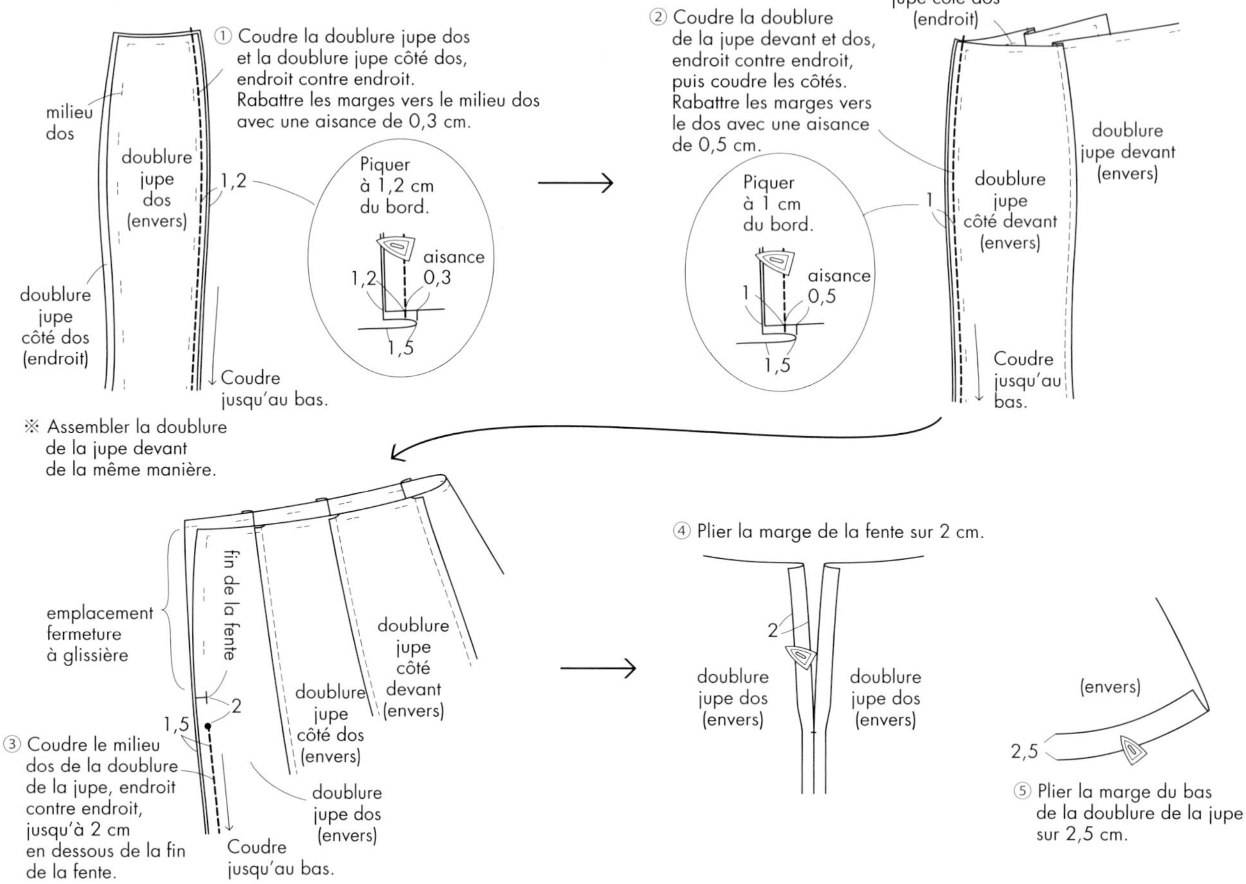

8. Ourler le bas de la jupe.

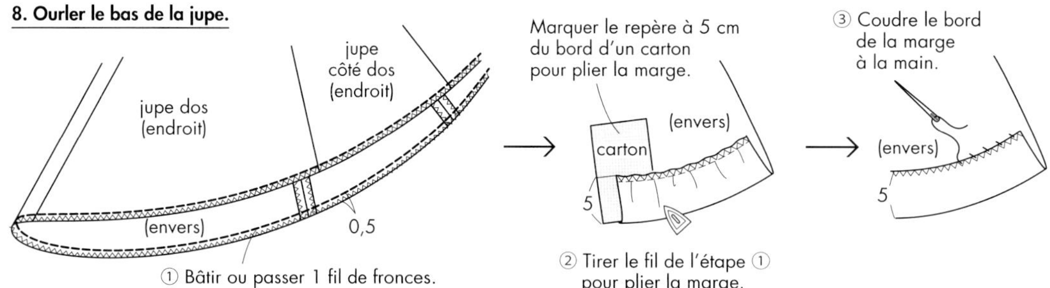

12. Coudre la taille de la doublure.

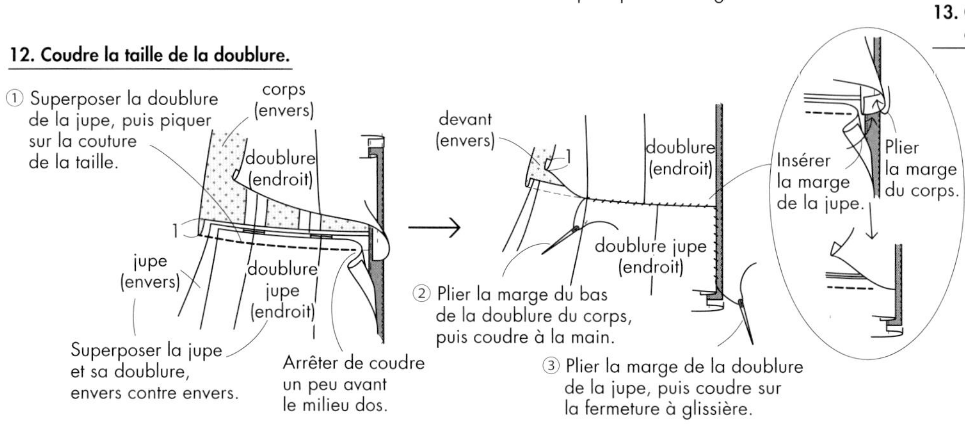

13. Ourler le bas de la doublure de la jupe.

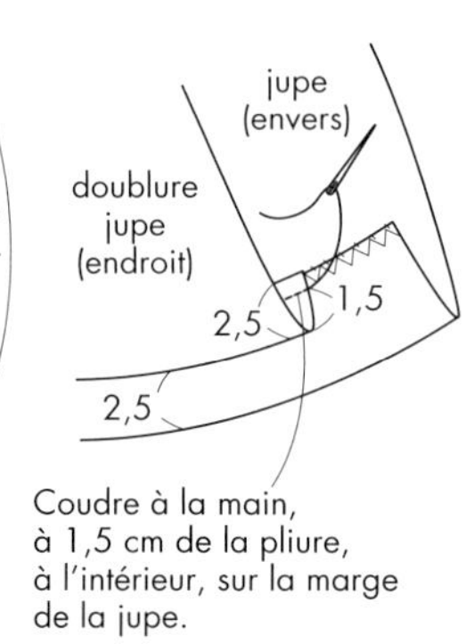

14-1. Réaliser le centre du nœud.

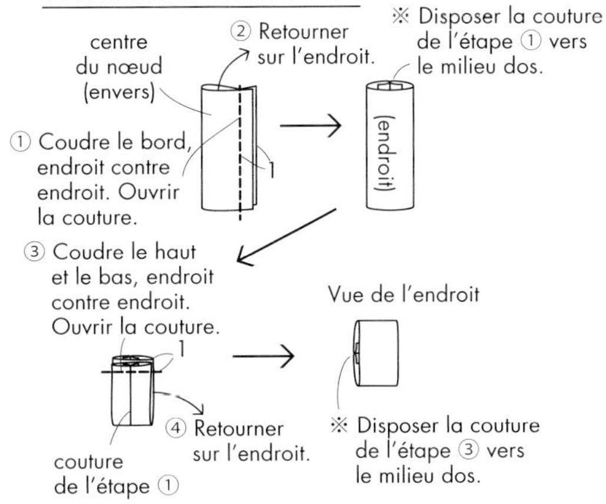

14-2. Réaliser le nœud du haut.

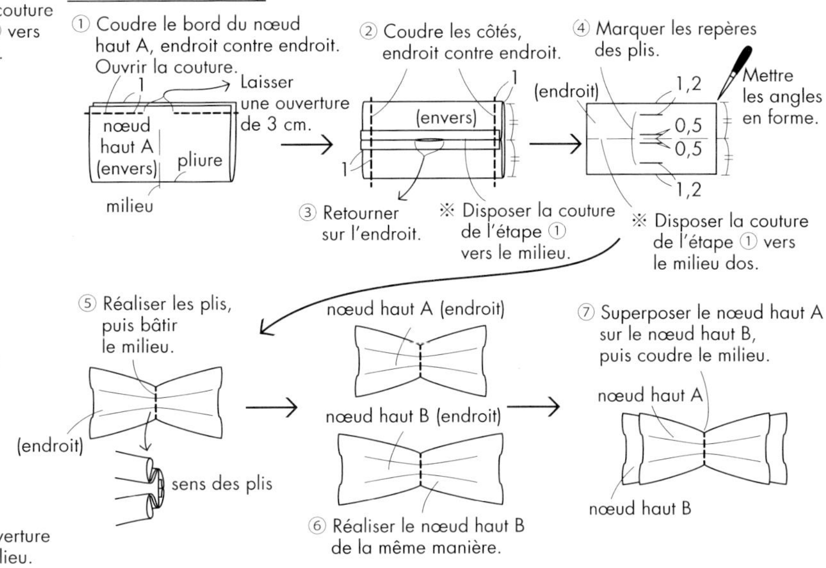

14-3. Réaliser le nœud du bas.

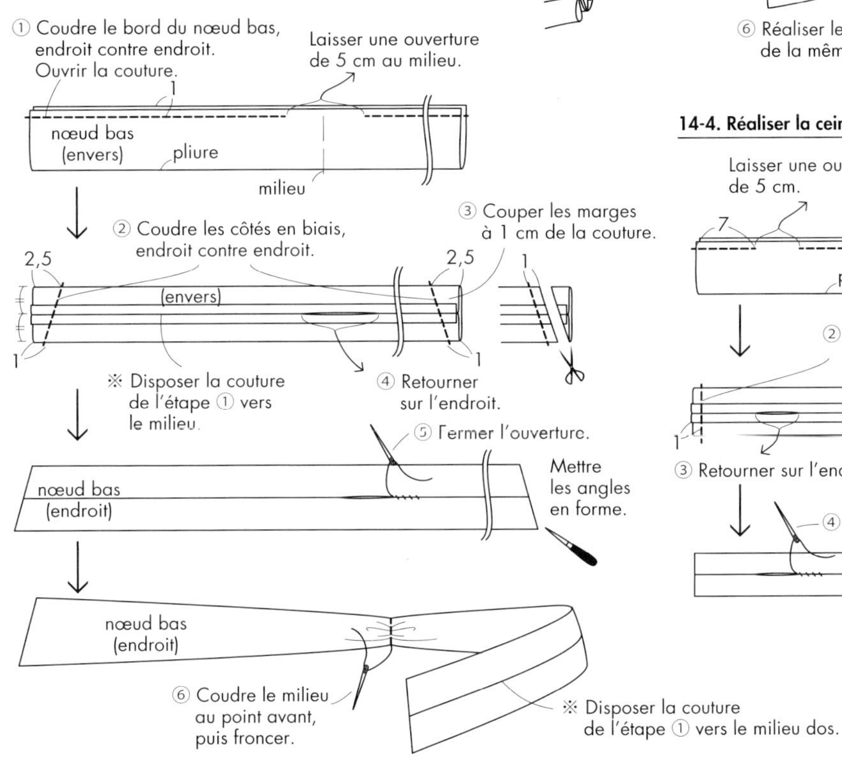

14-4. Réaliser la ceinture.

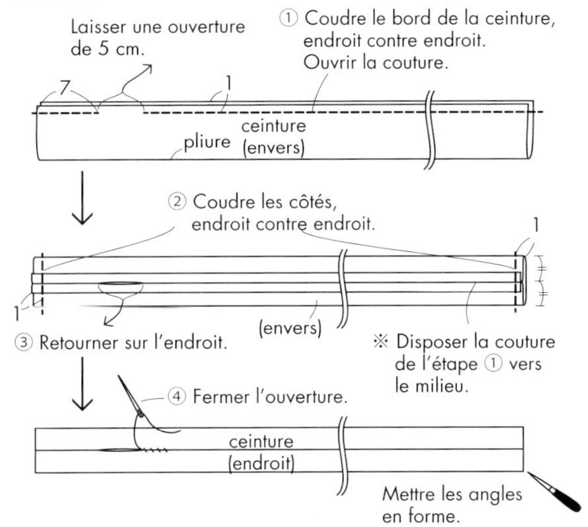

14-5. Assembler les pièces de nœud.

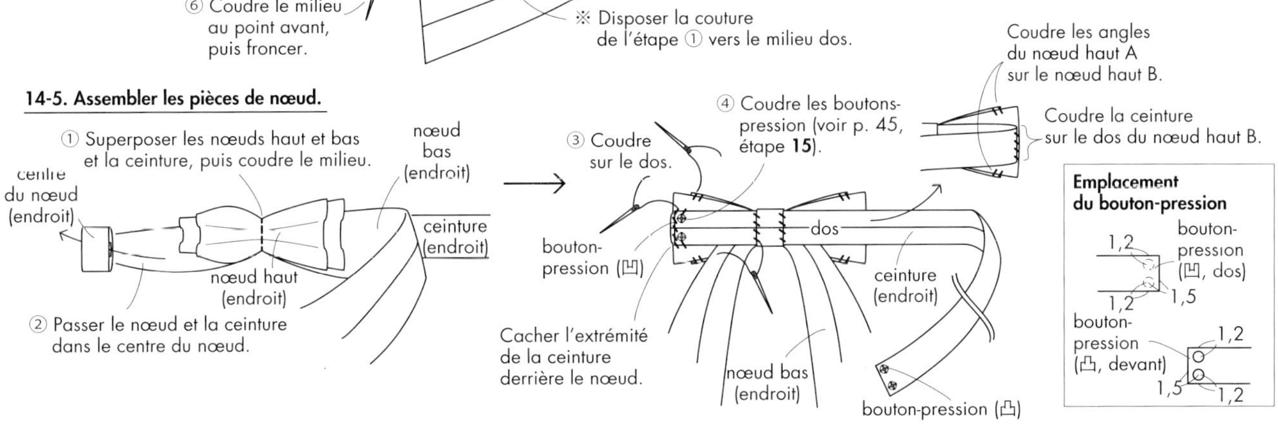

C

Bustier droit & coupe princesse

p. 10

Dimensions
(de gauche à droite pour les tailles 34/36/38/40/42/44/46/48)
Hauteur dos du bustier : 16,7/17/17,3/17,6/17,9/18,2/18,5/18,8 cm
Longueur du devant de la jupe : 98/98,5/99/99,5/100/100,5/101/101,5 cm

Patrons en taille réelle
Bustier droit
Face B <2>
1. devant,
2. côté devant,
3. dos,
4. côté dos,
5. doublure devant,
6. doublure côté devant,
7. doublure dos,
8. doublure côté dos,
9. parementure devant,
10. parementure dos.

Coupe princesse
Face D <9>
1. jupe base devant,
2. jupe base côté,
3. jupe base dos.

※ Réaliser les patrons de la jupe tulle devant, de la jupe tulle côté et de la jupe tulle dos en suivant les indications de l'encart face D.

Fournitures
Les métrages sont donnés, de gauche à droite, pour les 34 à 40/42 à 48.
- 148 x 50 cm de satin duchesse
- 148 x 2050/2090 cm de tulle
- 148 x 580/600 cm de satin
- 40/50 x 110 cm de doublure
- 1 fermeture à glissière invisible de 56 cm de long
- 1 paire d'agrafes à ressorts
- 170 cm de biais de 1,5 cm de large
- 160 cm de baleine de 0,8 cm de large
- 12 embouts protecteurs pour baleine

Plans de coupe
※ Ajouter 1 cm de marge de couture, sauf indication contraire.
※ Thermocoller les pièces indiquées en gris.

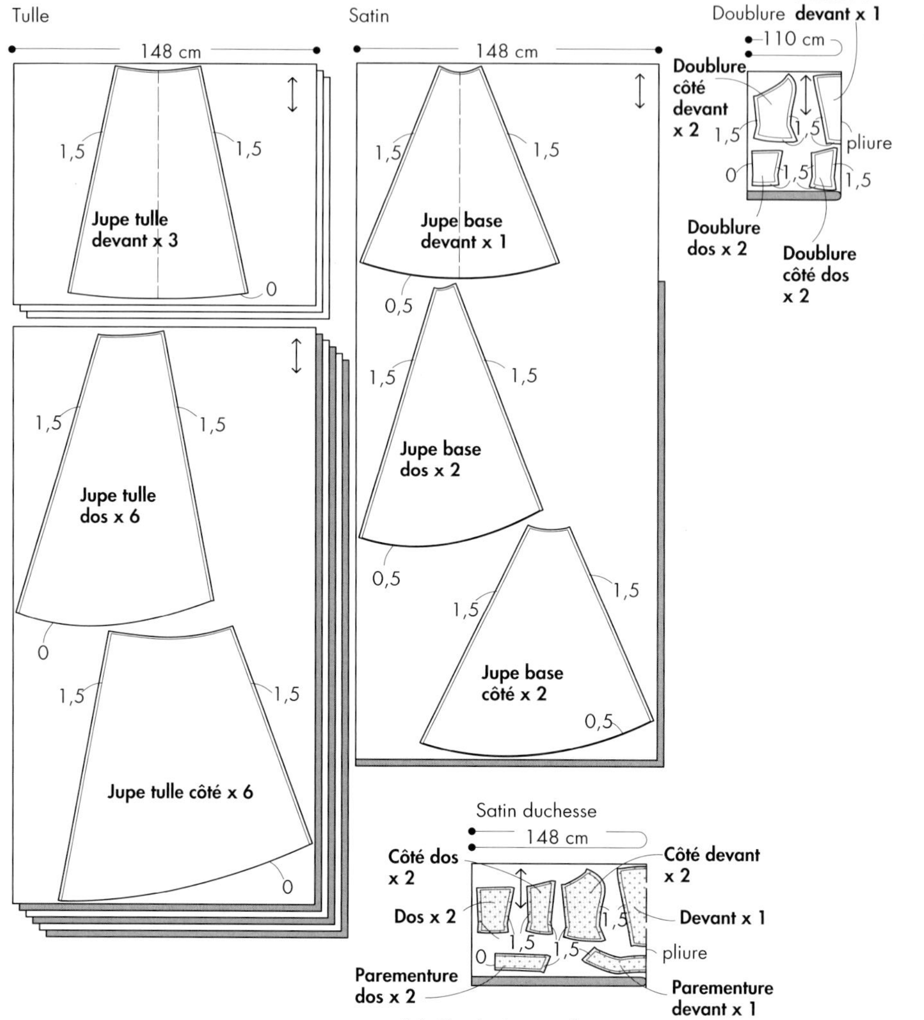

Réalisation

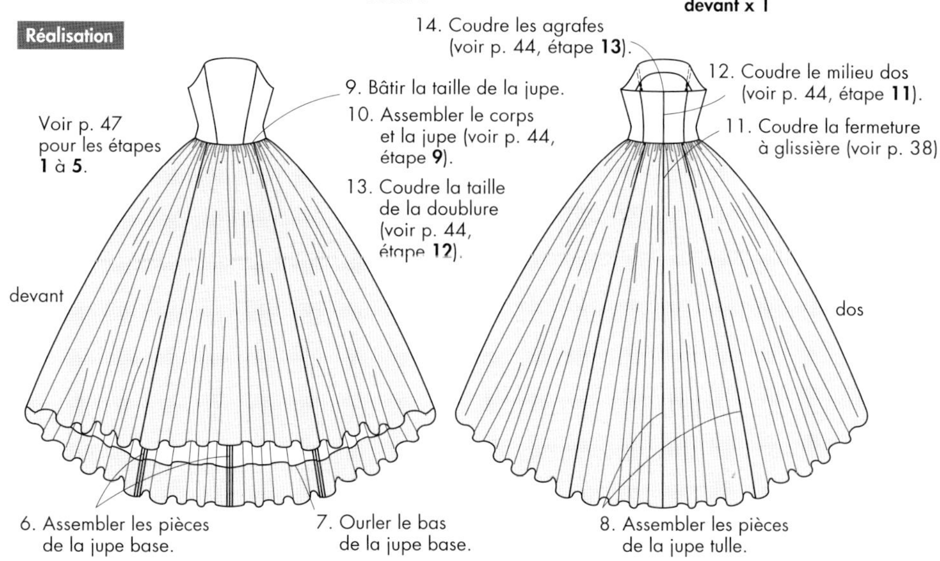

Réalisation

6. Assembler les pièces de la jupe base.

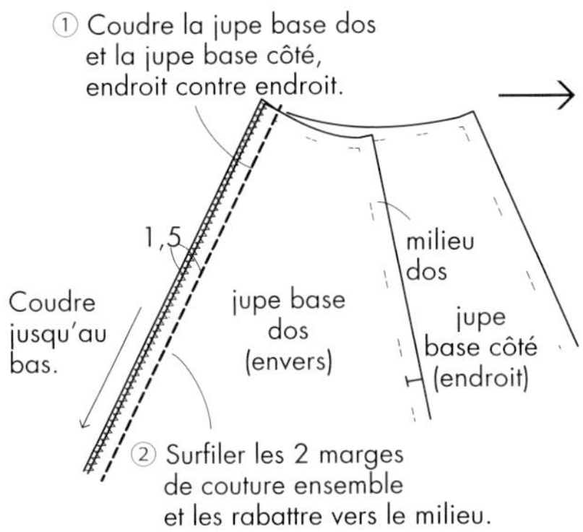

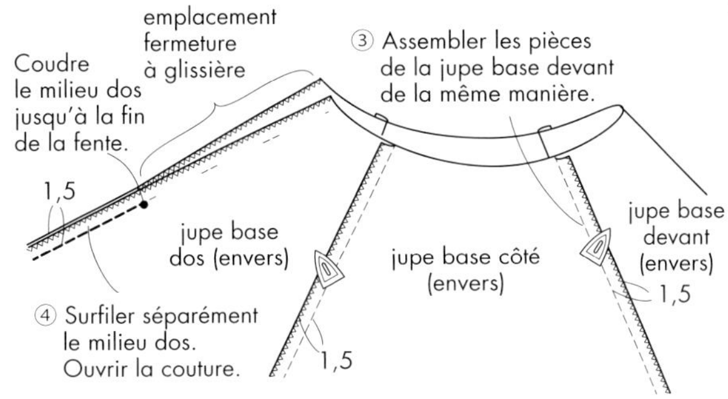

7. Ourler le bas de la jupe base.

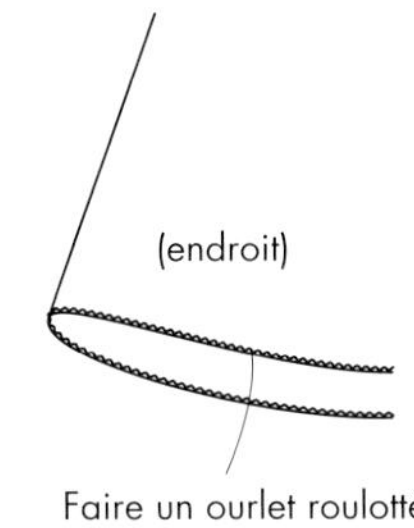

8. Assembler les pièces de la jupe tulle.

※ Réaliser 3 pièces identiques.

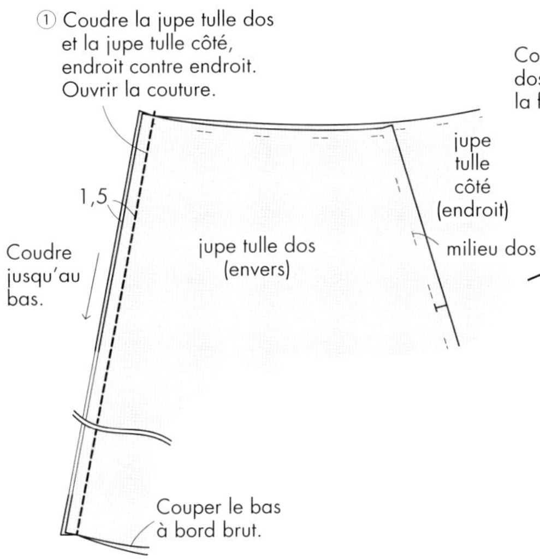

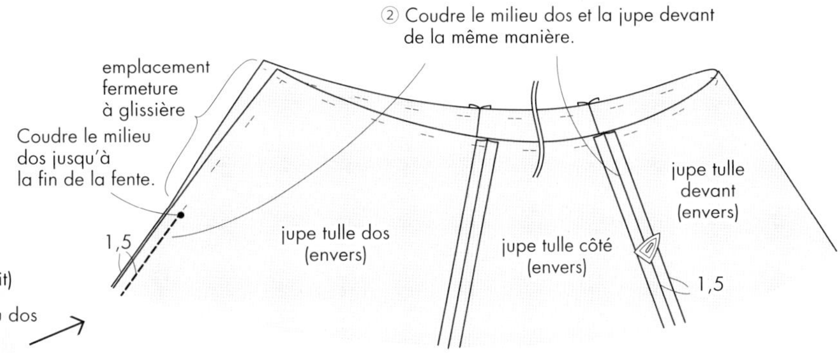

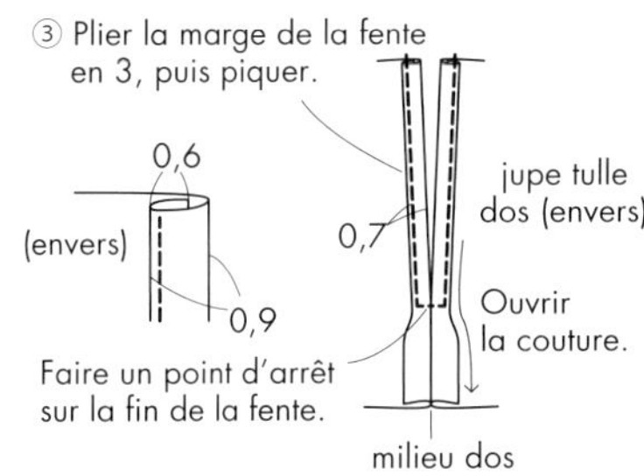

9. Bâtir la taille de la jupe.

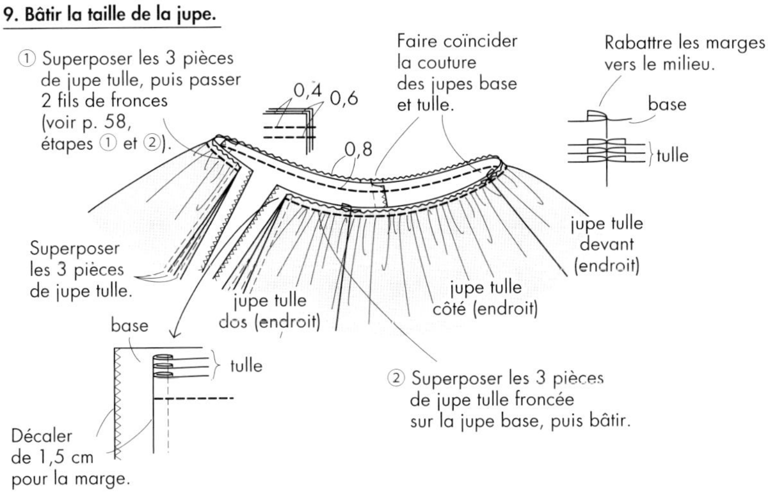

11. Coudre la fermeture à glissière (voir p. 38).

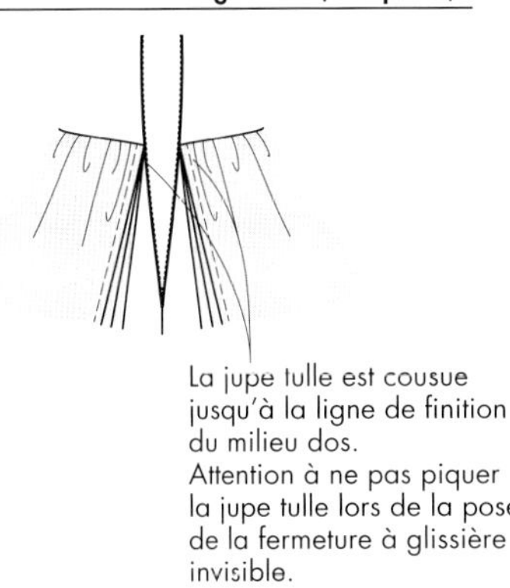

D

Top dentelé

p. 11

Dimensions
(de gauche à droite pour les tailles 34/36/38/40/42/44/46/48)
Longueur : 49,5/50/50,5/51/51,5/52/52,5/53 cm
Longueur des manches : 54/55/56/57/58 cm
Tour de poignet : 20,6/21/21,4/21,8/22,2/22,6/23/23,4 cm

Patrons en taille réelle
Face D <5>
1. devant,
2. dos,
3. manche.

Fournitures
Les métrages sont donnés, de gauche à droite, pour les 34 à 40/42 à 48.
- 140 x 110/120 cm de dentelle
- 60 x 60 cm de toile thermocollante
- 1 fermeture à glissière séparable de 50 cm de long
- 55/60 cm de dentelle de 2 cm de large

Plan de coupe

※ Ajouter 1 cm de marge de couture, sauf indication contraire.
※ Thermocoller les parties indiquées en gris.

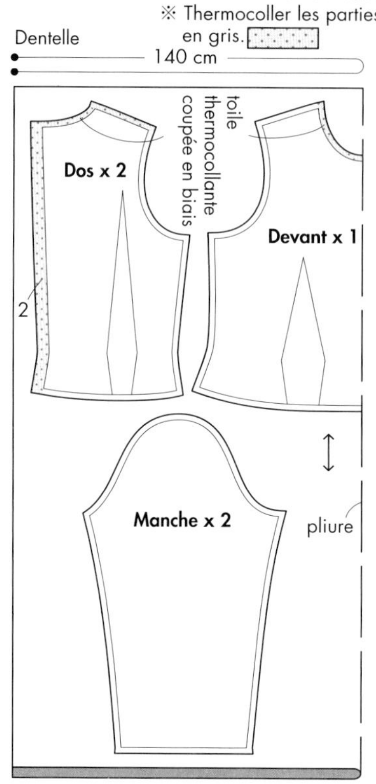

Réalisation

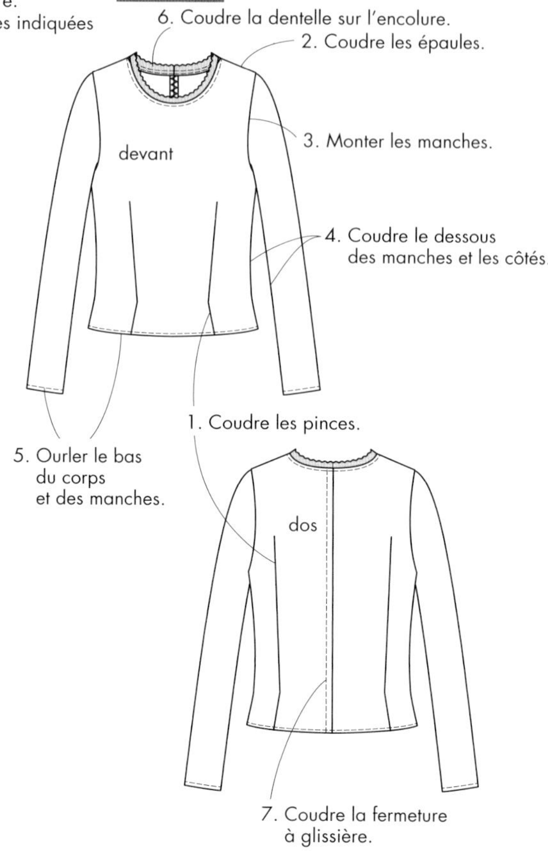

Réalisation

1. Coudre les pinces.

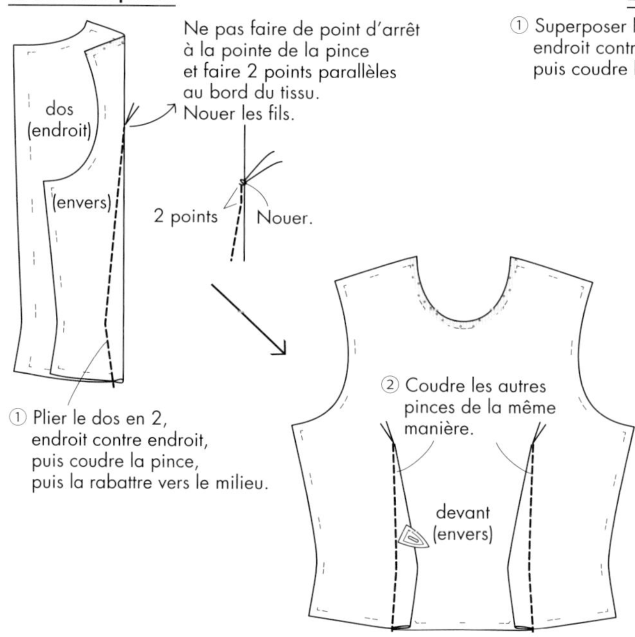

2. Coudre les épaules.

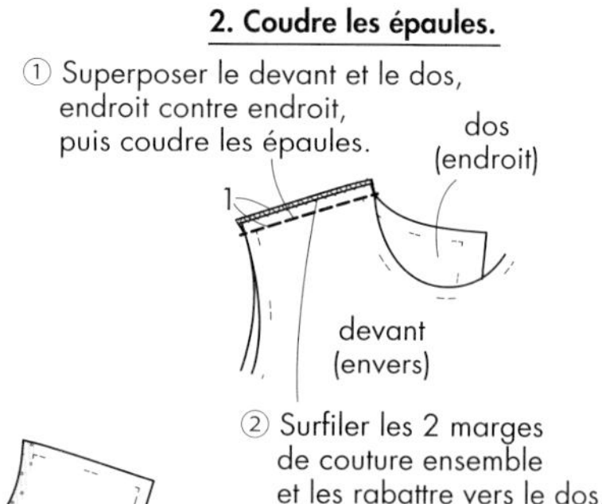

3. Monter les manches.

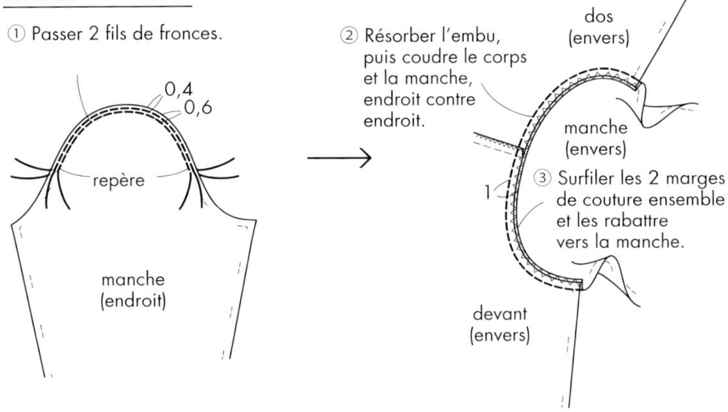

4. Coudre le dessous des manches et les côtés.

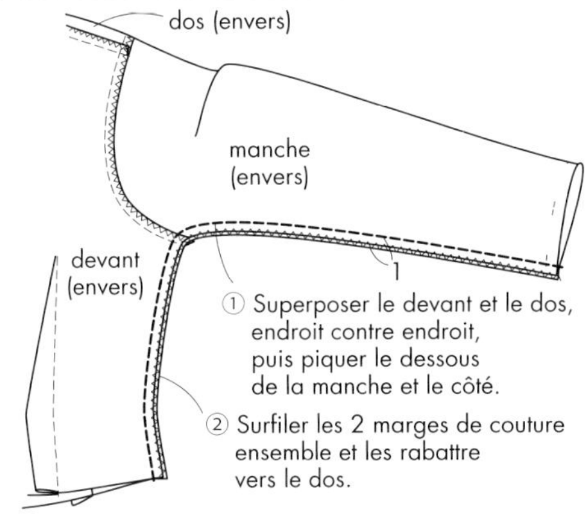

5. Ourler le bas du corps et des manches.

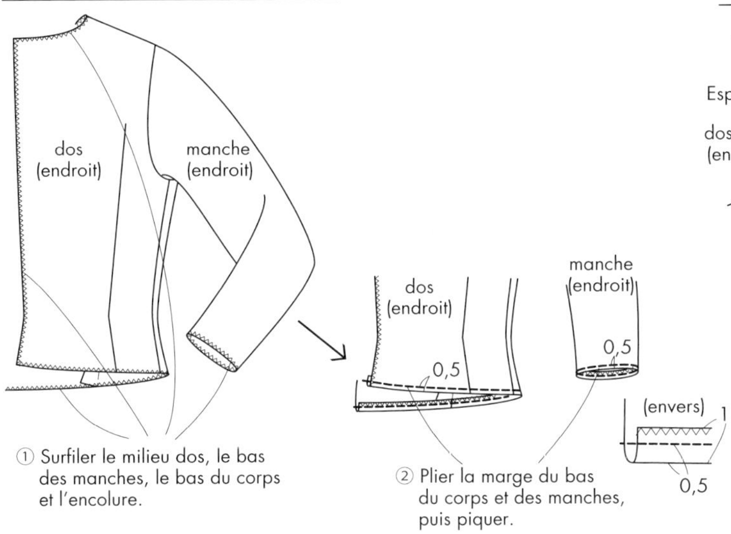

6. Coudre la dentelle sur l'encolure.

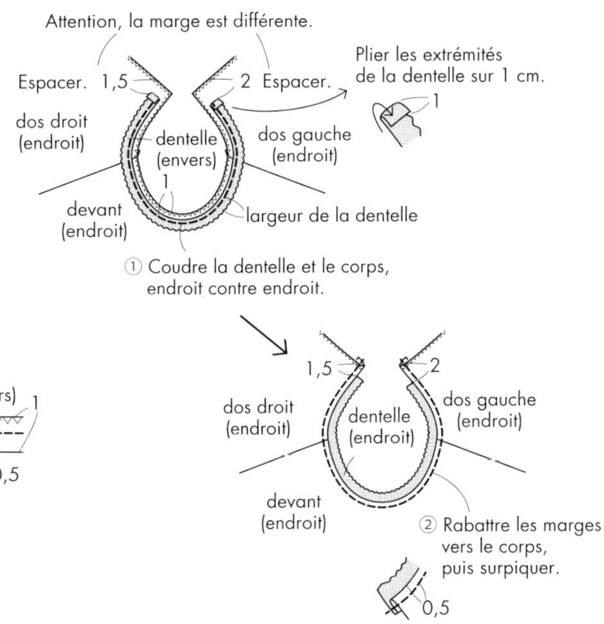

7. Coudre la fermeture à glissière.

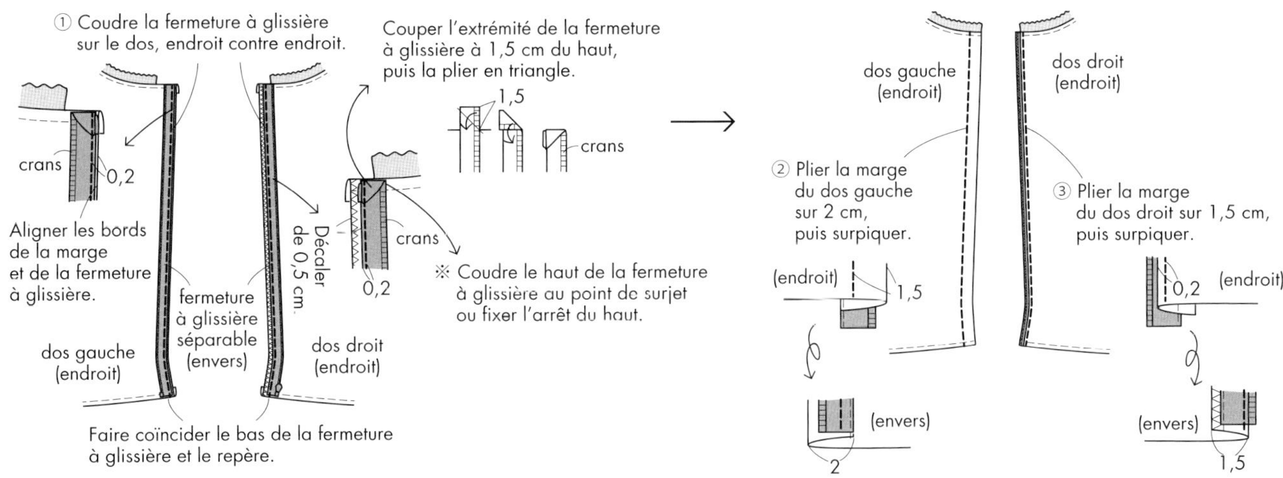

E

Bustier cœur & coupe à volants

p. 12

Dimensions
(de gauche à droite pour les tailles 34/36/38/40/42/44/46/48)
Hauteur dos du bustier : 16,7/17/17,3/17,6/17,9/18,2/18,5/18,8 cm
Longueur du devant de la jupe : 103,5/104/104,5/105/105,5/106/106,5/107 cm

Patrons en taille réelle
Bustier cœur
Face B <3>
1. devant,
2. côté devant,
3. dos,
4. côté dos,
5. doublure devant,
6. doublure côté devant,
7. doublure dos,
8. doublure côté dos,
9. parementure devant,
10. parementure dos.

Jupe à volants
Face B <10>
1. jupe base devant,
2. jupe base côté devant,
3. jupe base dos,
4. jupe base côté dos,
5. 1er volant devant,
6. 1er volant dos.

Fournitures
Les métrages sont donnés, de gauche à droite, pour les 34 à 40/42 à 48.
- 148 x 80/80 cm de satin duchesse
- 140 x 120/125 cm de tulle à pois
- 130 x 1420/1460 cm de mousseline
- 110 x 720/800 cm de doublure
- 92 x 100 cm de toile thermocollante
- 1 fermeture à glissière invisible de 56 cm de long
- 1 paire d'agrafes à ressorts
- 170/180 cm de biais de 1,5 cm de large
- 150/160 cm de baleine de 0,8 cm de large
- 12 embouts protecteurs pour baleine
- 260 cm de gros-grain de 1 cm de large

Plans de coupe

※ Ajouter 1 cm de marge de couture, sauf indication contraire.
※ Thermocoller les pièces indiquées en gris.

Mesures du 3e volant
☆ = 98,5/100/101,5/103/104,5/106/107,5/109

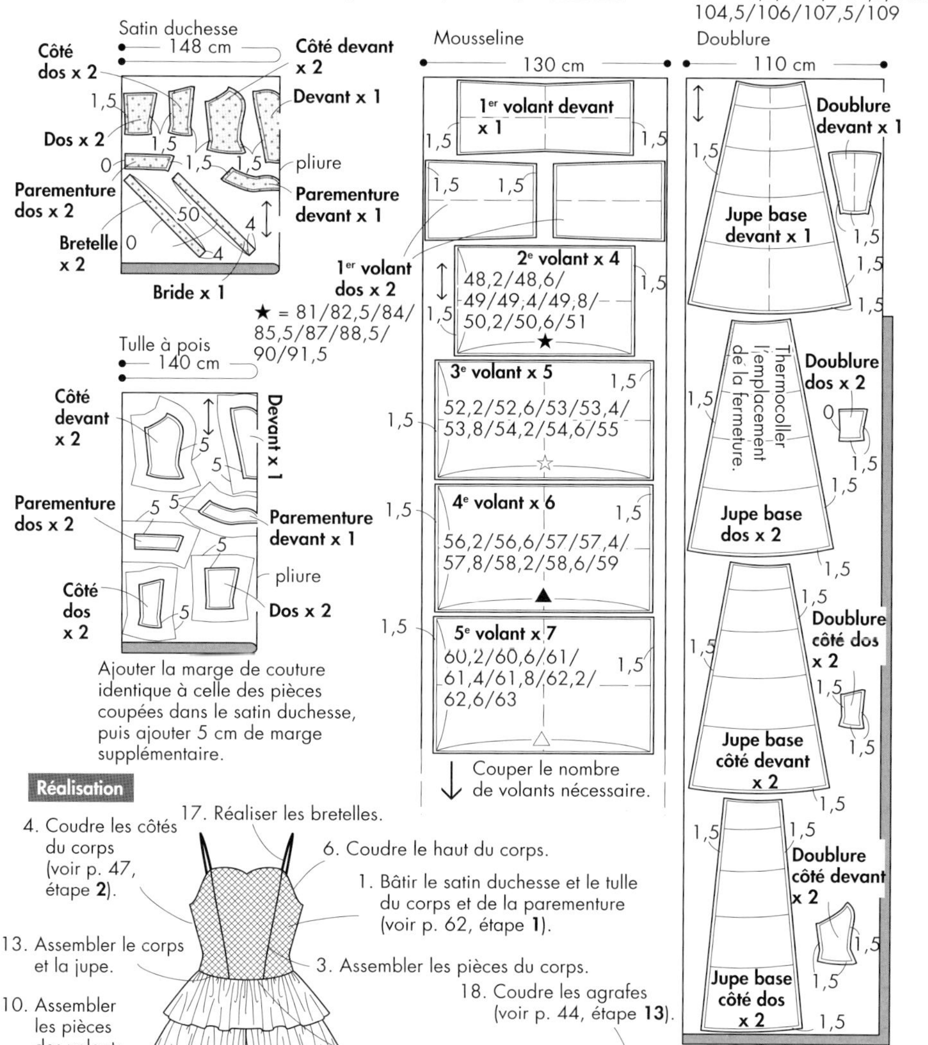

Réalisation

Mesures du 4e et 5e volant
▲ = 97/98,5/100/101,5/103/104,5/106/107,5 △ = 98/99,5/101/102,5/104/105,5/107/108,5

Réalisation

2. Réaliser les brides.

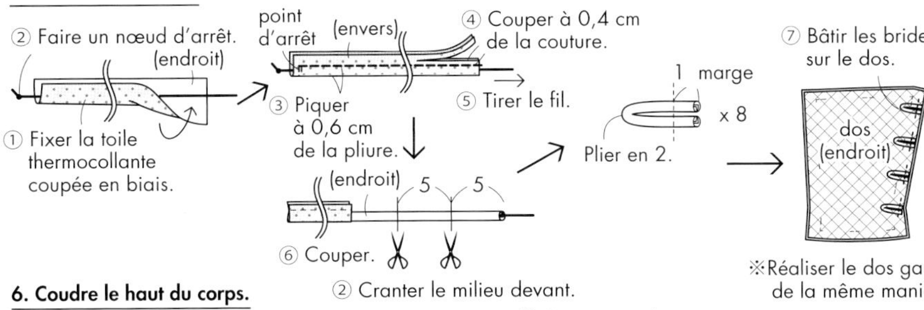

3. Assembler les pièces du corps.

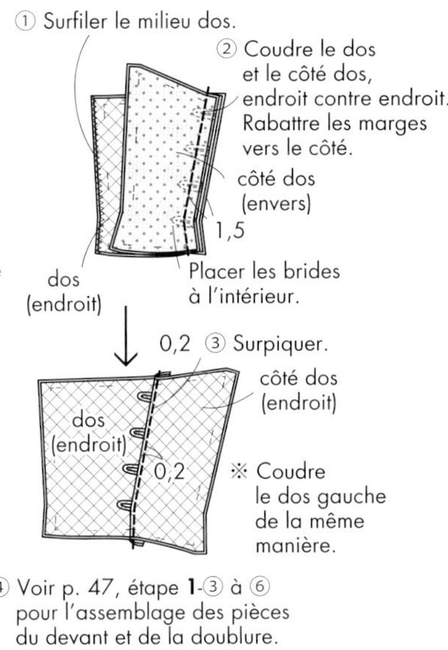

6. Coudre le haut du corps.

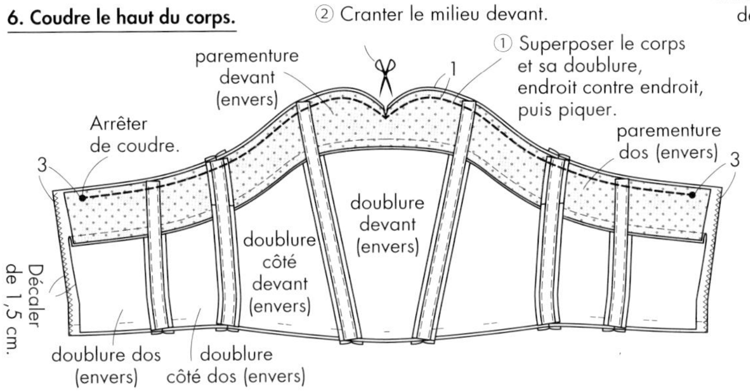

8. Assembler les pièces de la jupe base.

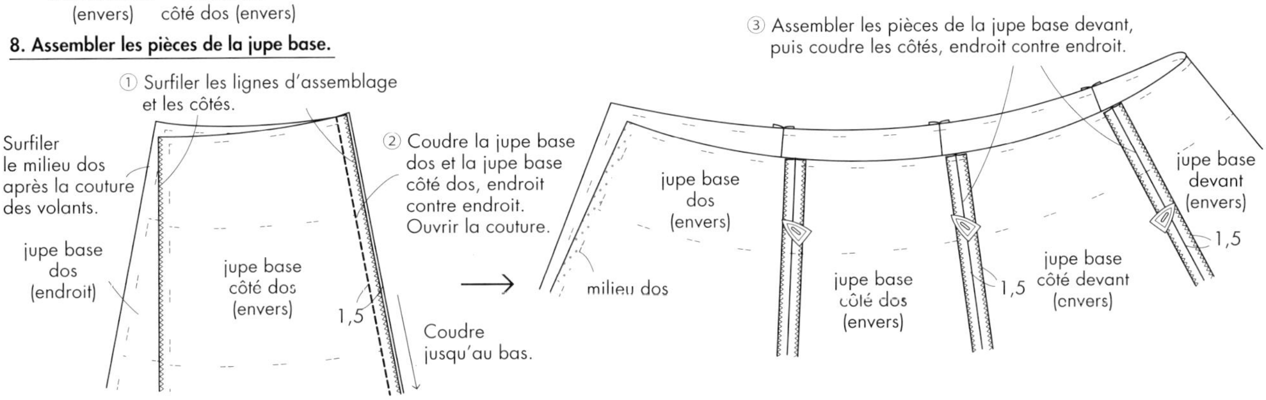

9. Ourler le bas de la jupe.

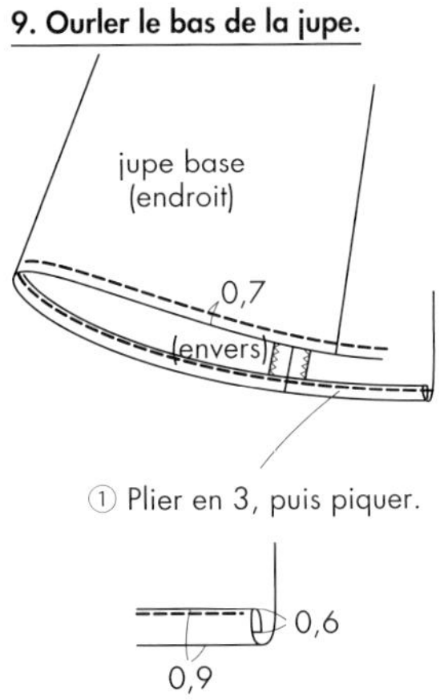

10. Assembler les pièces des volants.

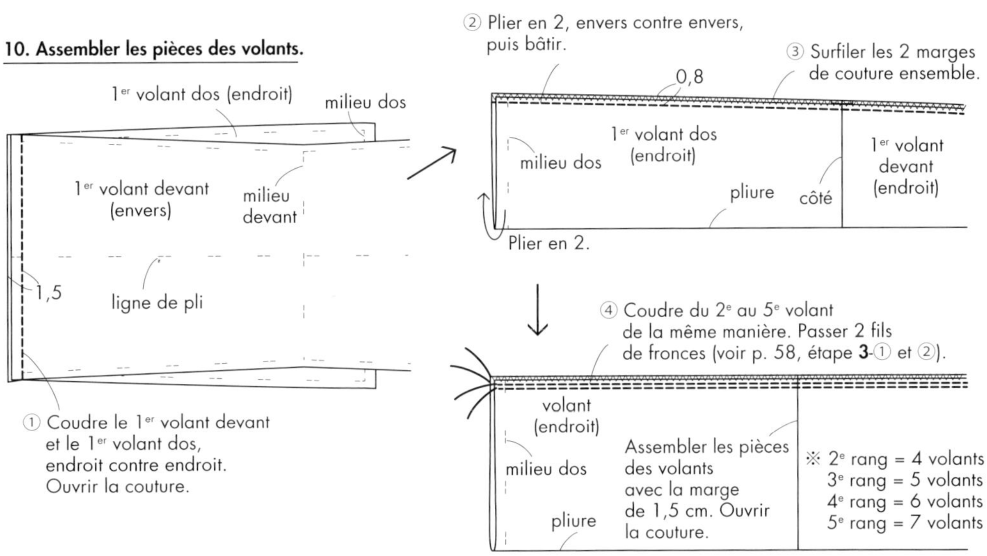

11. Coudre les volants.

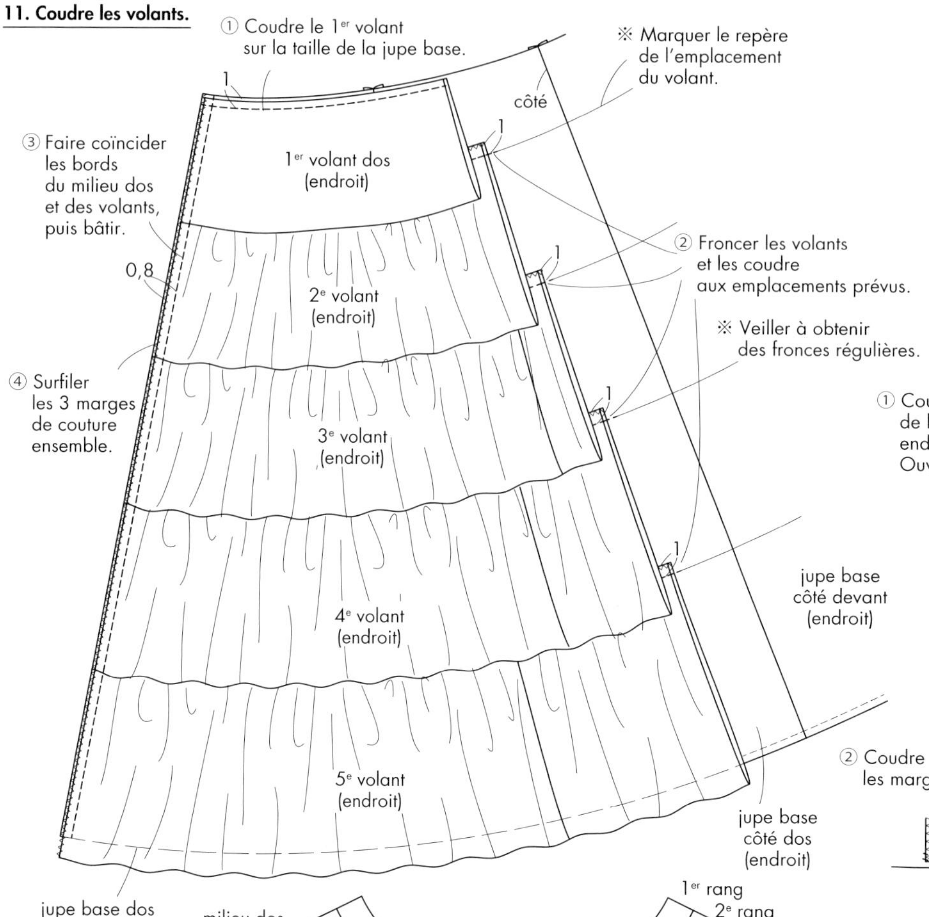

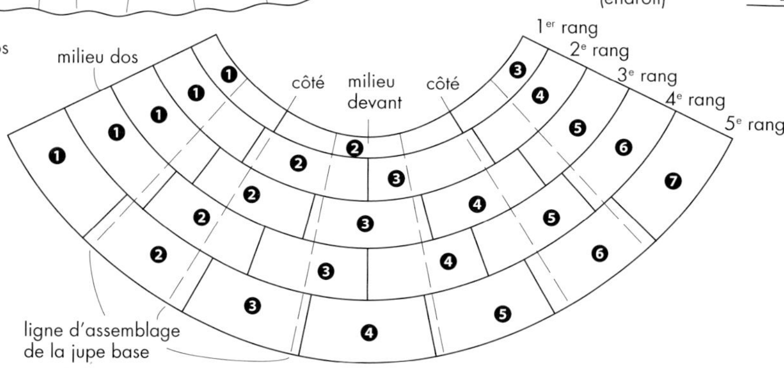

12. Coudre le milieu dos de la jupe.

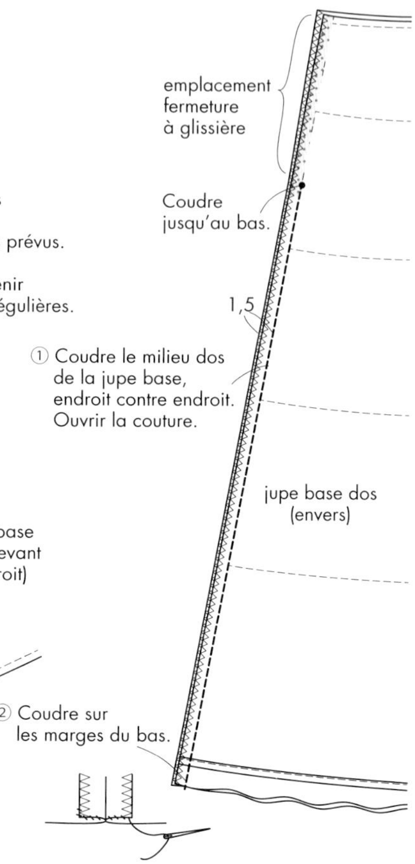

19. Insérer le ruban dans les brides.

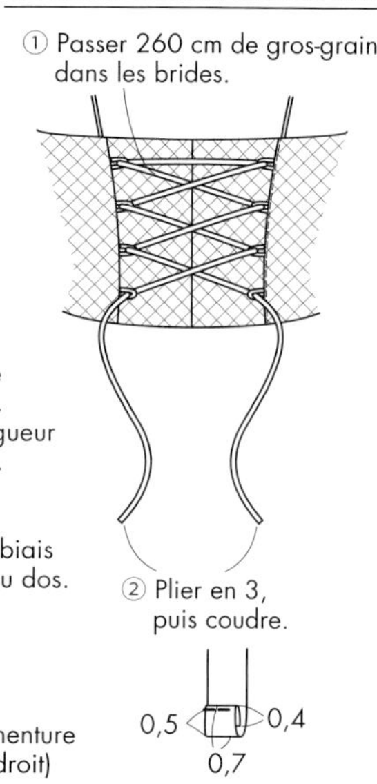

13. Assembler le corps et la jupe.

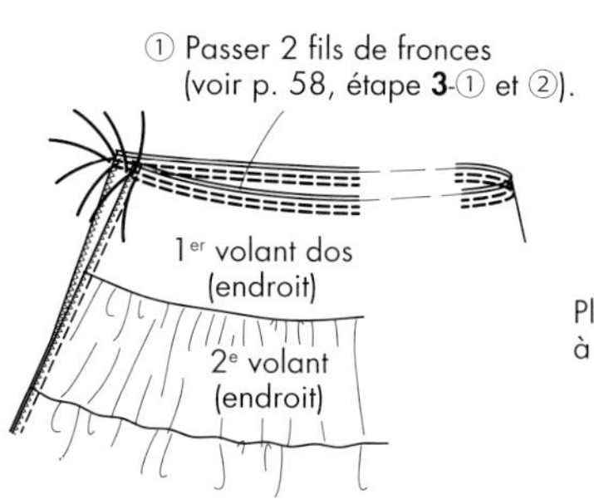

※ Voir p. 44, étape **9**-① et ② pour l'assemblage du corps et de la jupe.

17. Réaliser les bretelles.

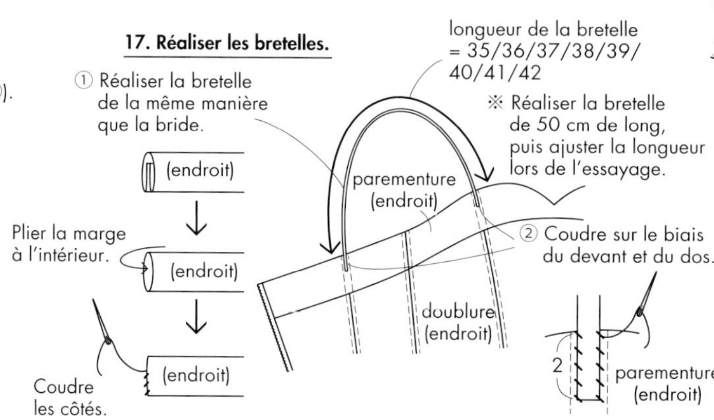

F

Bustier cœur & coupe trapèze

p. 14

Dimensions
(de gauche à droite pour les tailles 34/36/38/40/42/44/46/48)
Hauteur dos du bustier :
16,7/17/17,3/17,6/17,9/18,2/18,5/18,8 cm
Longueur du devant de la jupe :
103/103,5/104/104,5/105/105,5/106/106,5 cm

Patrons en taille réelle
Bustier cœur
Face B <3>
1. devant,
2. côté devant,
3. dos,
4. côté dos,
5. doublure devant,
6. doublure côté devant,
7. doublure dos,
8. doublure côté dos,
9. parementure devant,
10. parementure dos.

Coupe trapèze
Face A <7>
1. jupe devant,
2. jupe côté,
3. jupe dos.

Fournitures
Les métrages sont donnés, de gauche à droite, pour les 34 à 40/42 à 48.
- 150 x 660/670 cm de jacquard
- 110 x 60 cm de doublure
- 92 x 80/90 cm de toile thermocollante
- 1 fermeture à glissière invisible de 56 cm de long
- 1 paire d'agrafes à ressorts
- 510/530 cm de crin de 5 cm de large
- 170 cm de biais de 1,5 cm de large
- 150/160 cm de baleine de 0,8 cm de large
- 12 embouts protecteurs pour baleine

Plans de coupe

※ Ajouter 1 cm de marge de couture, sauf indication contraire.
※ Thermocoller les pièces indiquées en gris.

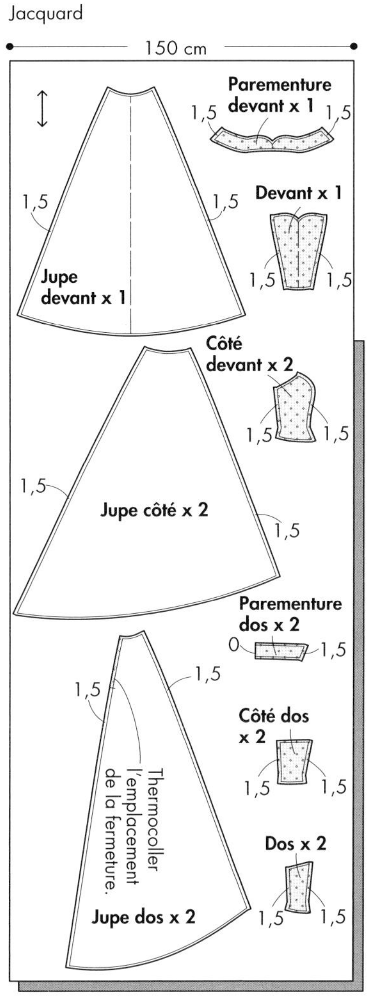

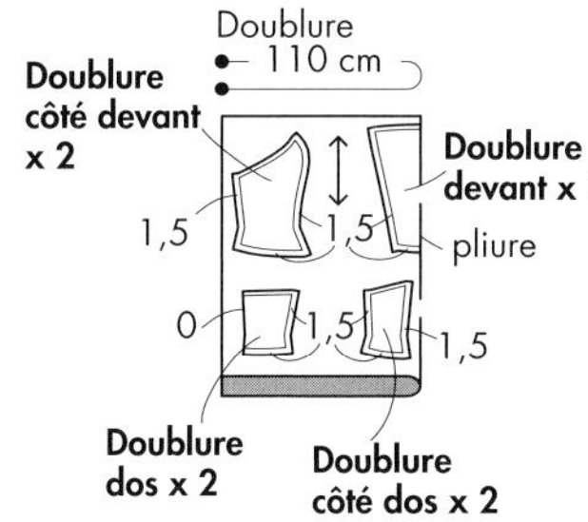

Réalisation

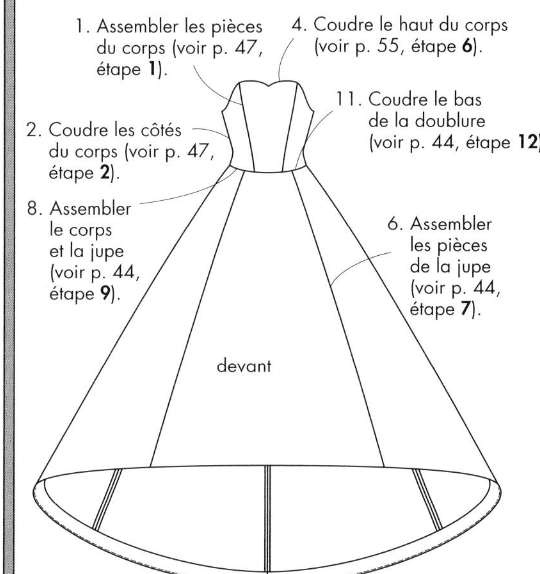

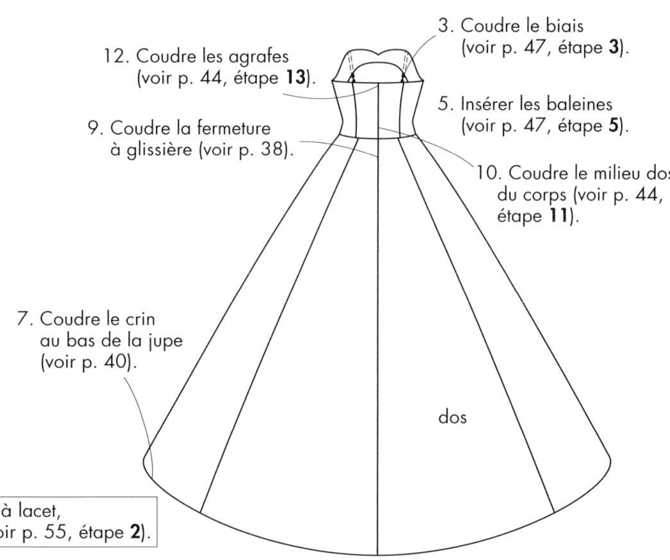

※ Pour ajouter un corset à lacet, le réaliser au début (voir p. 55, étape **2**).

Top dentelé à manches ballon

G

p. 15

Dimensions
(de gauche à droite pour les tailles 34/36/38/40/42/44/46/48)
Longueur : 49,5/50/50,5/51/51,5/52/52,5/53 cm
Longueur des manches : 29,5/29,8/30,1/30,4/30,7/31/31,3/31,6 cm

Patrons en taille réelle
Face D <6>
1. devant,
2. dos,
3. manche.

Fournitures
Les métrages sont donnés, de gauche à droite, pour les 34 à 40/42 à 48.
- 140 x 95/100 cm de dentelle
- 60 x 70 cm de toile thermocollante
- 1 fermeture à glissière séparable de 50 cm de long
- 55/60 cm de dentelle de 2 cm de large
- 42/44/46/48/50/52/54/56 cm d'élastique de 0,5 cm de large

Plan de coupe

※ Ajouter 1 cm de marge de couture, sauf indication contraire.
※ Thermocoller les parties indiquées en gris.

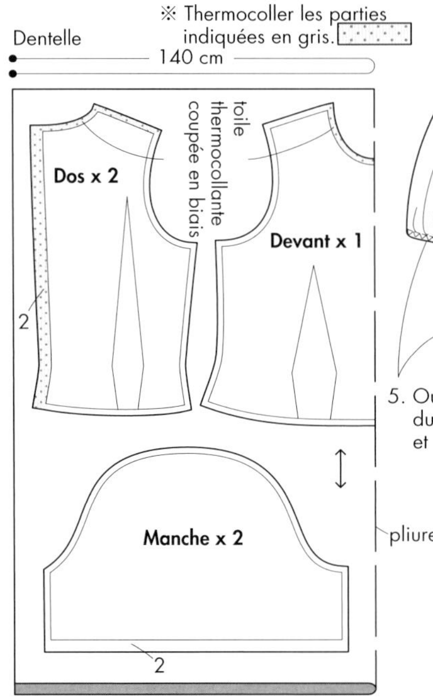

Réalisation

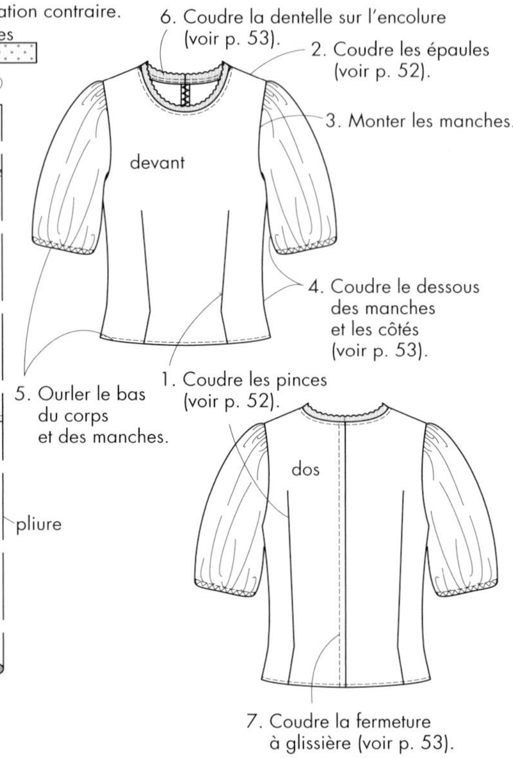

Réalisation

3. Monter les manches.

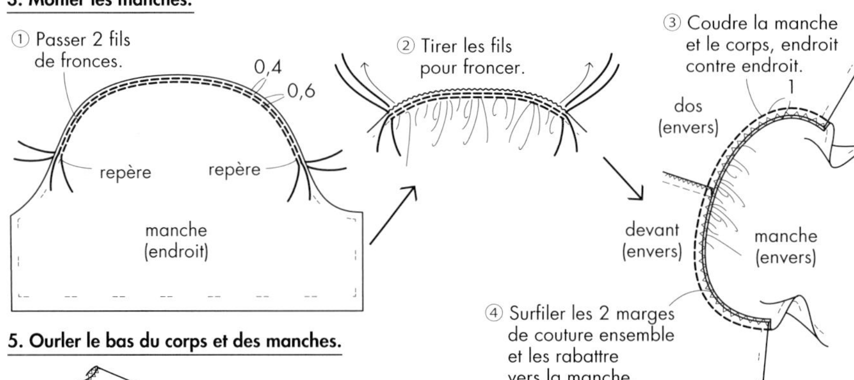

5. Ourler le bas du corps et des manches.

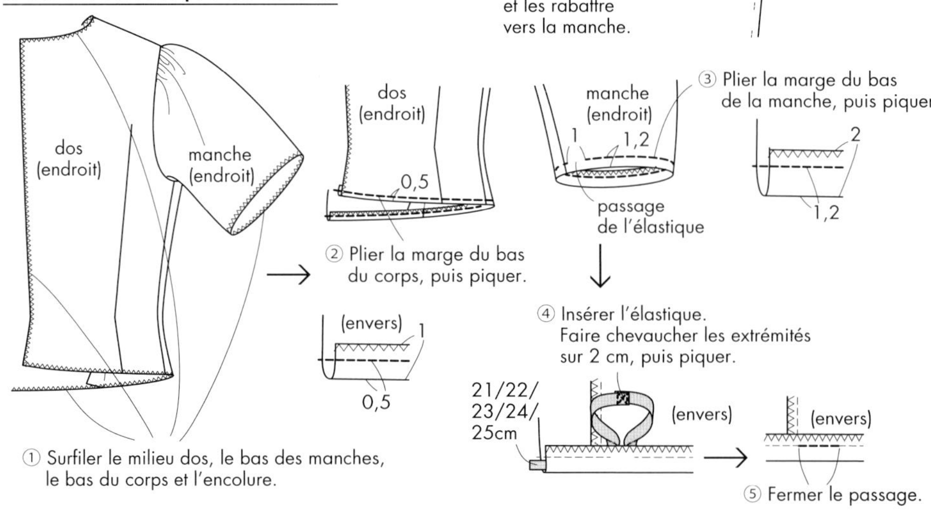

H

Haut à manches ballon & jupe à volants

p. 16

Dimensions
(de gauche à droite pour les tailles 34/36/38/40/42/44/46/48)
Hauteur dos du corps : 29/29,2/29,4/29,6/29,8/30/30,2/30,4 cm
Longueur du devant de la jupe : 103,5/104/104,5/105/105,5/106/106,5/107 cm

Patrons en taille réelle
Haut à manches ballon
Face C <4>
1. devant,
2. côté devant,
3. dos,
4. côté dos,
5. manche,
6. doublure devant,
7. doublure côté devant,
8. doublure dos,
9. doublure côté dos,
10. parementure devant,
11. parementure dos.

Jupe à volants
Face B <10>
1. jupe base devant,
2. jupe base côté devant,
3. jupe base dos,
4. jupe base côté dos,
5. 1er volant devant,
6. 1er volant dos.

Fournitures
Les métrages sont donnés, de gauche à droite, pour les 34 à 40/42 à 48.
- 145 x 1480/1550 cm de satin
- 110 x 700/800 cm de doublure
- 92 x 120/140 cm de toile thermocollante
- 1 fermeture à glissière invisible de 56 cm de long
- 1 paire d'agrafes à ressorts
- 300 cm de ruban de satin de 0,9 cm de large
- 40 cm de dentelle festonnée de 5 cm de large
- 72 cm de ruban de 2 cm de large, d'1 mm d'épaisseur
- 124/132/140/148/156/164/172/180 cm d'élastique de 3 cm de large
- 2 crochets de 3 cm de large
- 2 épingles à broche

Plans de coupe

※ Ajouter 1 cm de marge de couture, sauf indication contraire.
※ Thermocoller les pièces indiquées en gris.

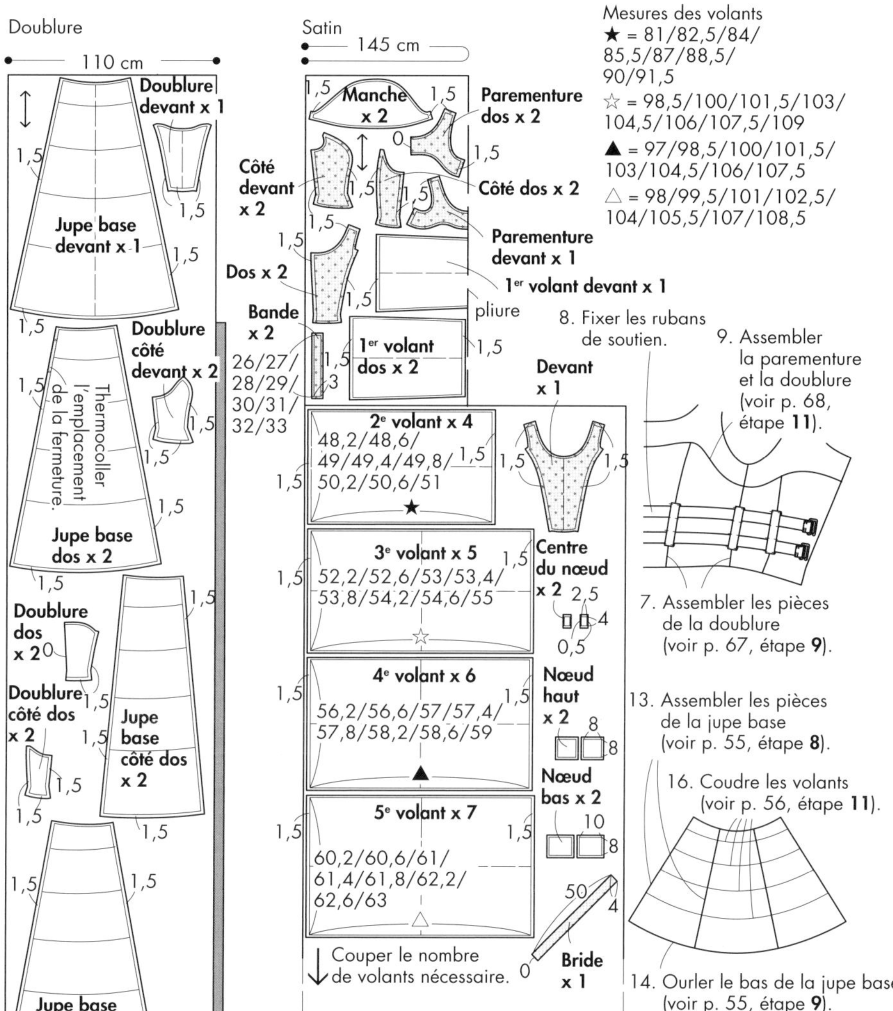

Réalisation

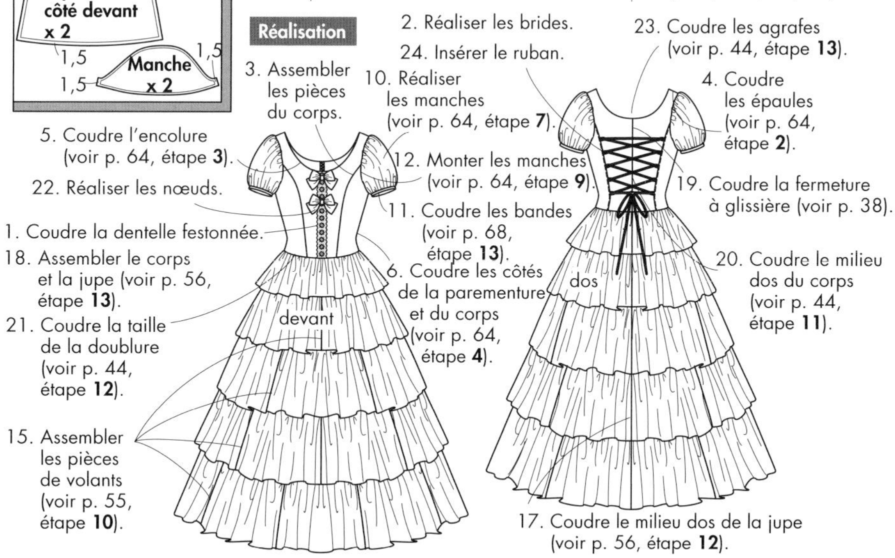

Réalisation

1. Coudre la dentelle festonnée.

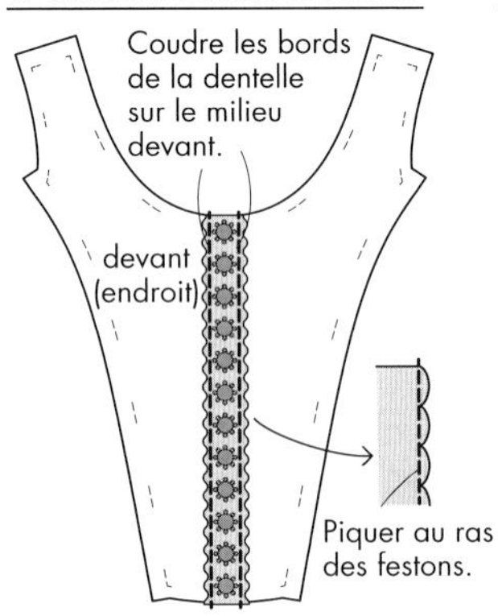

2. Réaliser les brides.

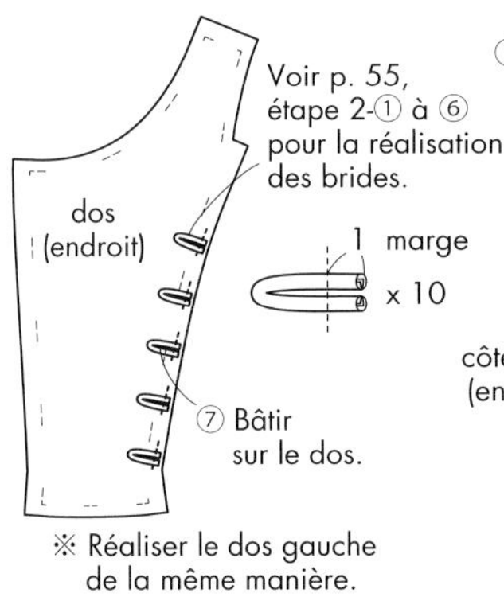

3. Assembler les pièces du corps.

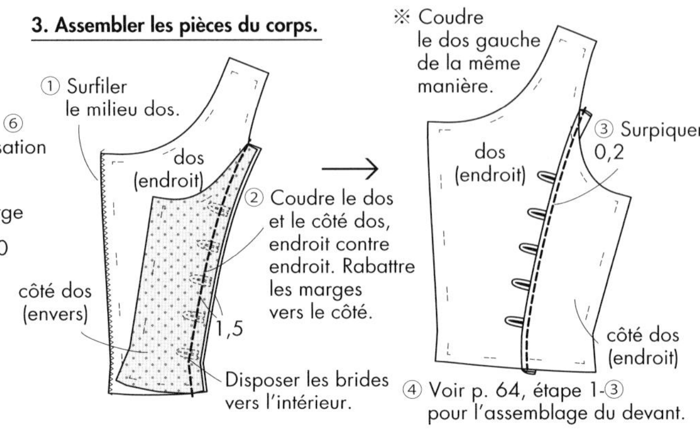

8. Fixer les rubans de soutien.

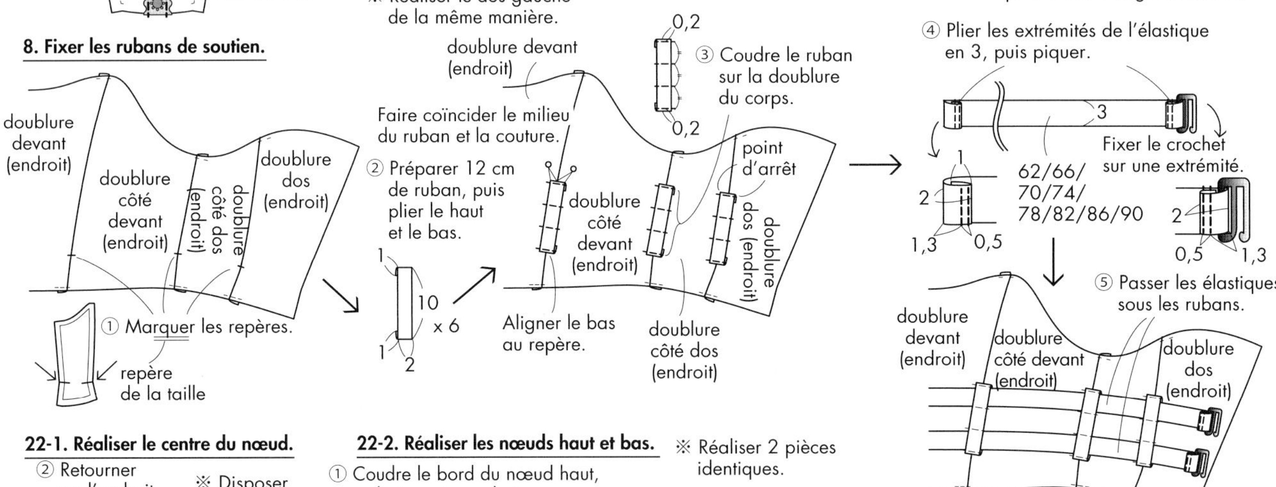

22-1. Réaliser le centre du nœud.

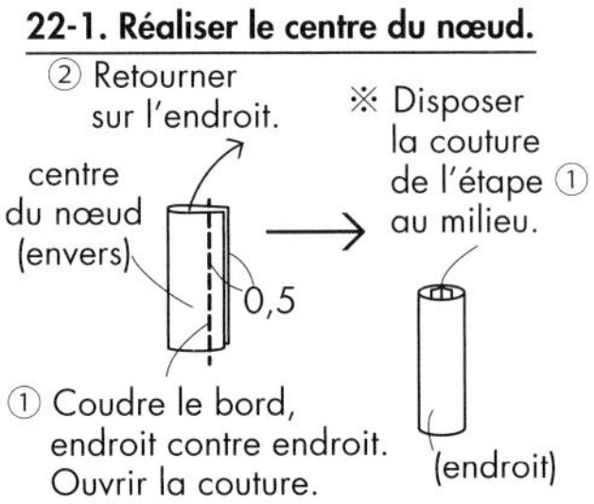

22-2. Réaliser les nœuds haut et bas.

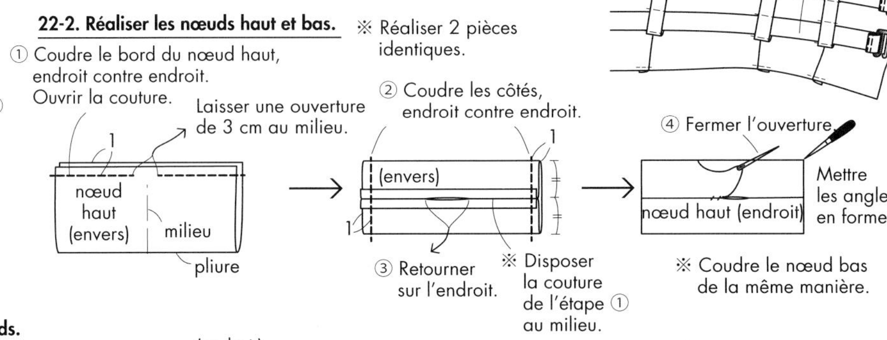

22-3. Assembler les pièces des nœuds.

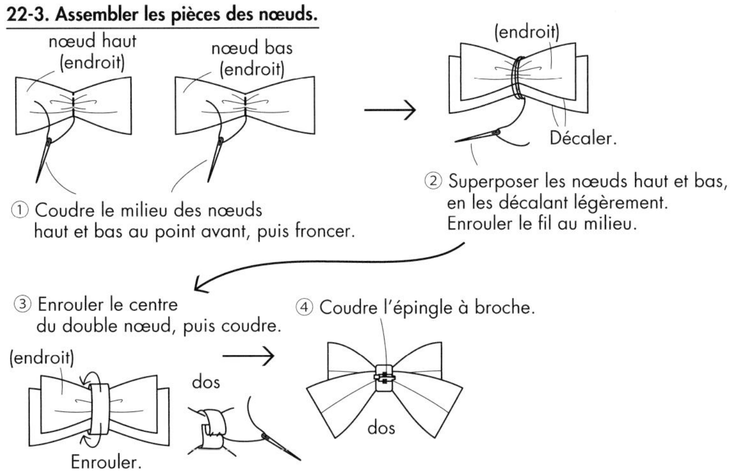

24. Insérer le ruban.

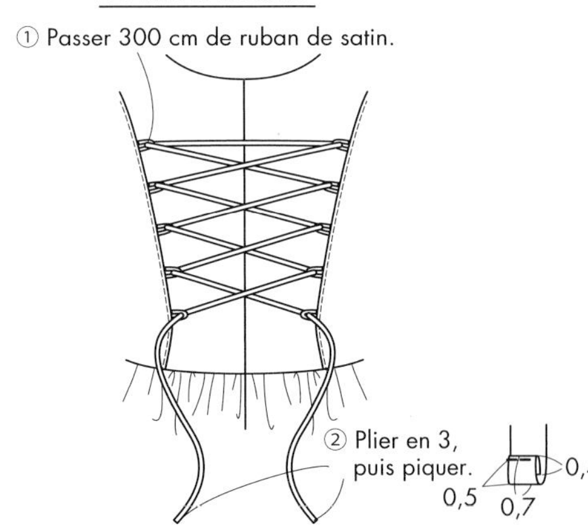

J

Encolure arrondie & coupe sirène

p. 18

Dimensions
(de gauche à droite pour les tailles 34/36/38/40/42/44/46/48)
Hauteur dos du corps : 29/29,2/29,4/29,6/29,8/30/30,2/30,4 cm
Longueur de la jupe : 103/103,5/104/104,5/105/105,5/106/106,5 cm

Patrons en taille réelle
Haut à encolure arrondie
Face A <1>
1. devant,
2. côté devant,
3. dos,
4. côté dos,
5. doublure devant,
6. doublure côté devant,
7. doublure dos,
8. doublure côté dos,
9. parementure devant,
10. parementure côté devant,
11. parementure dos,
12. parementure côté dos.

Coupe sirène
Face C <8>
1. jupe devant,
2. jupe côté devant,
3. jupe dos,
4. jupe côté dos.

Fournitures
- 150 x 310/320 cm de satin duchesse
- 130 x 530 cm de dentelle
- 110 x 60 cm de doublure
- 92 x 110/130 cm de toile thermocollante
- 1 fermeture à glissière invisible de 56 cm de long
- 1 paire d'agrafes à ressorts
- 20 boutons perle de ø 1 cm

Plans de coupe

※ Ajouter 1 cm de marge de couture, sauf indication contraire.
※ Thermocoller les pièces indiquées en gris.
※ La marge de l'emmanchure du corps et de la parementure est de 1 cm.

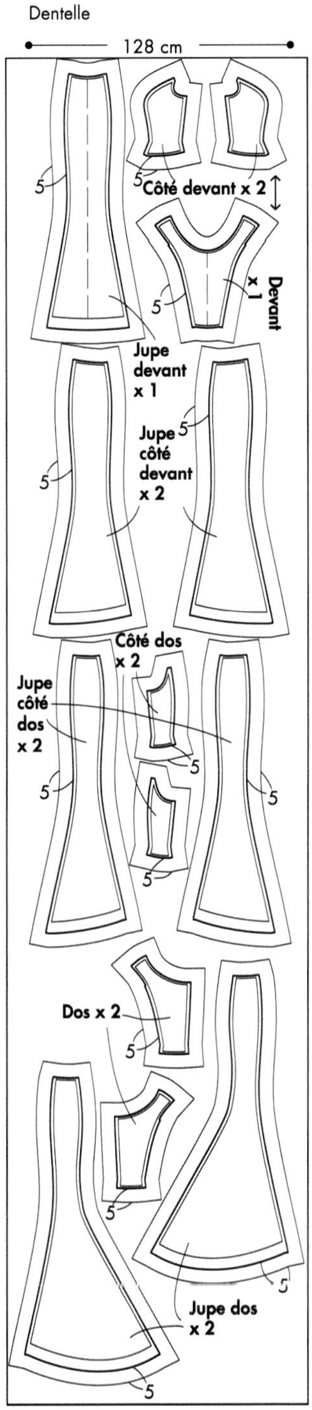

Ajouter la marge de couture identique à celle des pièces coupées dans le satin duchesse, puis ajouter 5 cm de marge supplémentaire.

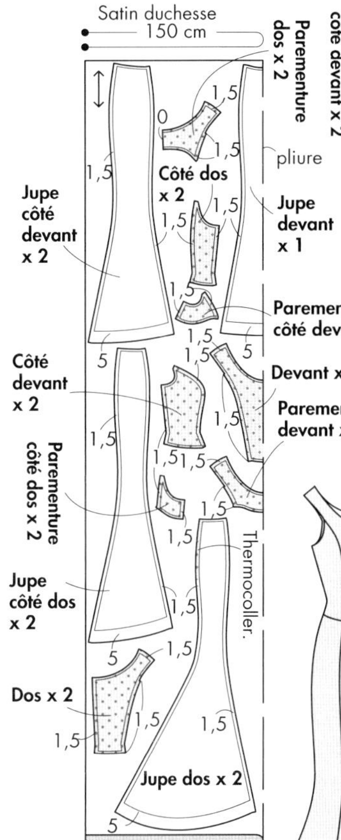

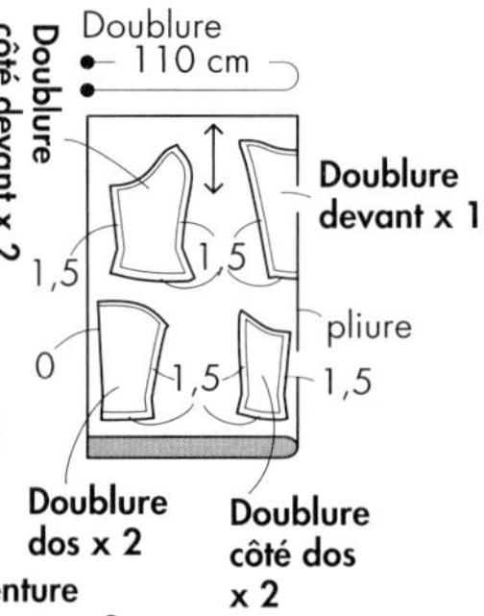

Réalisation

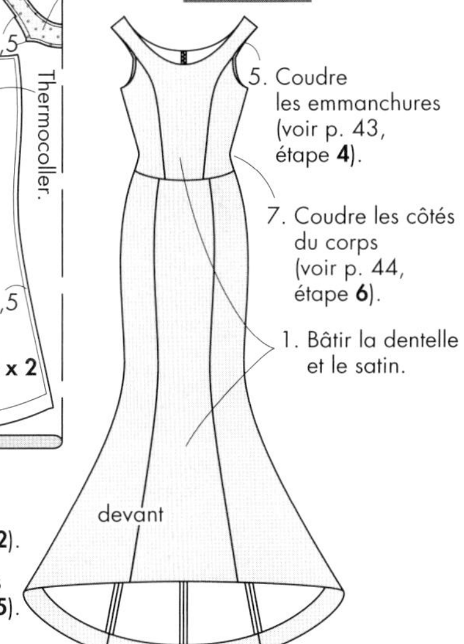

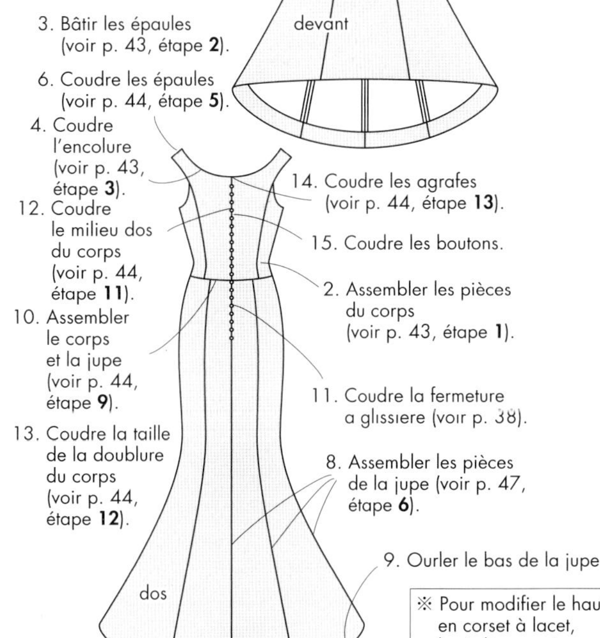

※ Pour modifier le haut en corset à lacet, le réaliser après l'étape **1** (voir p. 55, étape **2**).

Réalisation

1. Bâtir la dentelle et le satin.

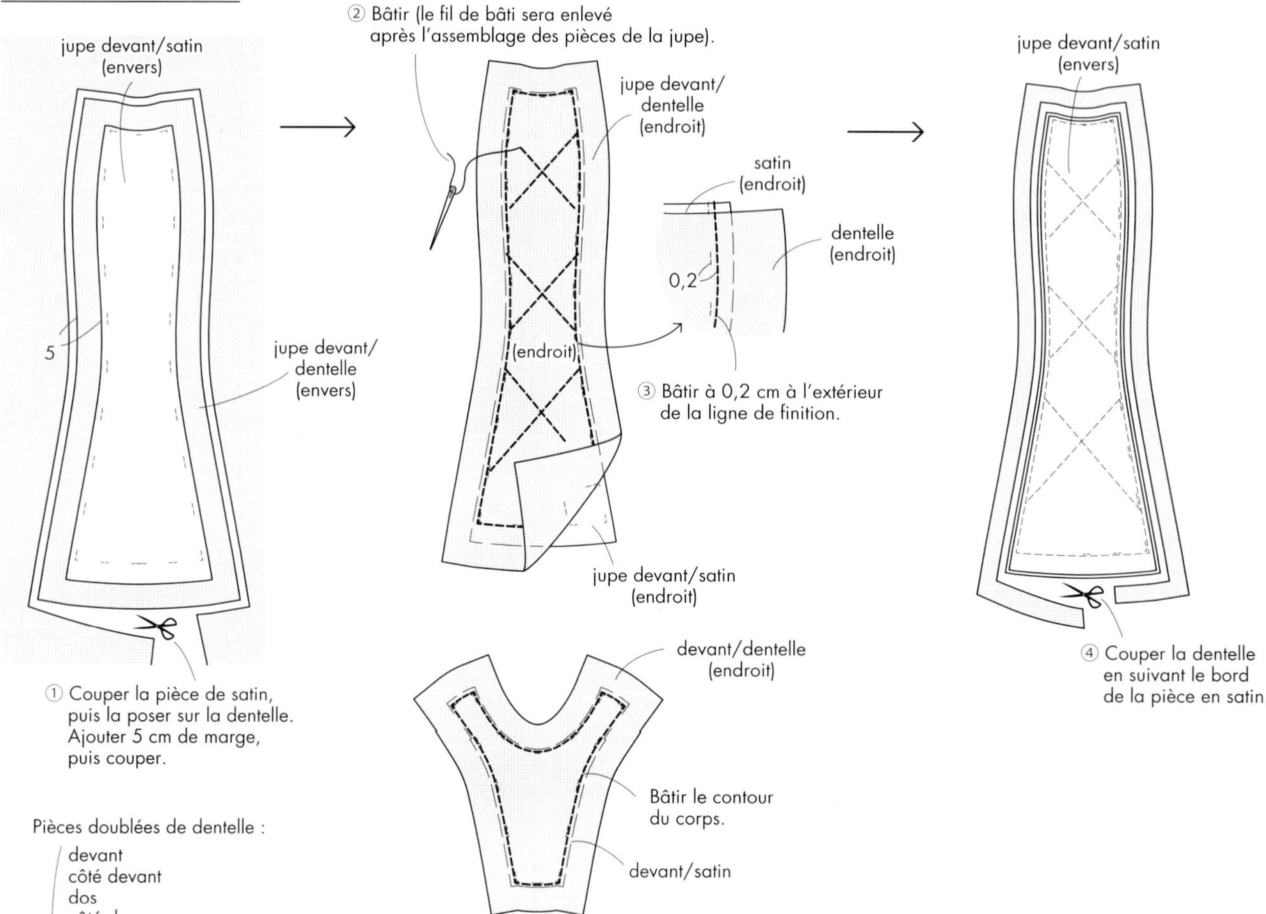

Pièces doublées de dentelle :

- devant
- côté devant
- dos
- côté dos
- jupe devant
- jupe côté devant
- jupe dos
- jupe côté dos

9. Ourler le bas de la jupe.

① Coudre le bord de la marge.
② Plier la marge.
Voir p. 48, étape **8**-① et ②.

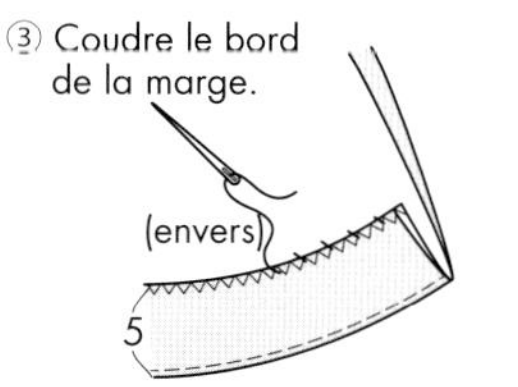

※ Piquer l'aiguille uniquement dans le satin.

15. Coudre les boutons.

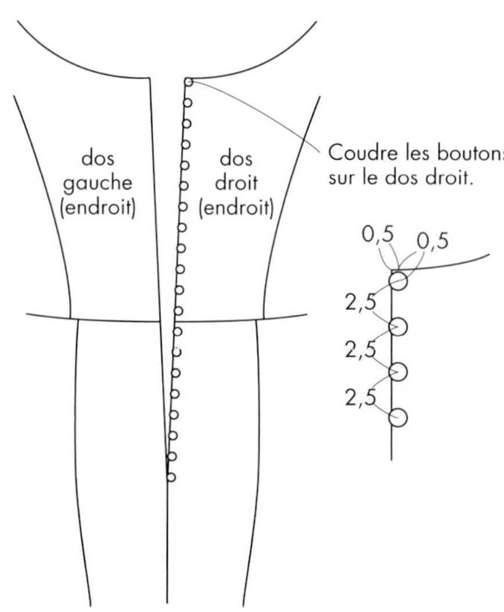

J.

Haut à manches ballon & jupe mi-longue

p. 20

Dimensions

(de gauche à droite pour les tailles 34/36/38/40/42/44/46/48)
Hauteur dos du corps : 29/29,2/29,4/29,6/29,8/30/30,2/30,4 cm
Longueur du devant de la jupe : 63/63,5/64/64,5/65/65,5/66/66,5 cm

Patrons en taille réelle

Haut à manches ballon
Face C <4>
1. devant,
2. côté devant,
3. dos,
4. côté dos,
5. manche,
6. doublure devant,
7. doublure côté devant,
8. doublure dos,
9. doublure côté dos,
10. parementure devant,
11. parementure dos.

Coupe mi-longue
Face D <11>
1. doublure jupe devant,
2. doublure jupe côté,
3. doublure jupe dos.

※ Réaliser les patrons de la jupe devant, de la jupe côté et de la jupe dos en suivant les indications de l'encart face D.

Fournitures

Les métrages sont donnés, de gauche à droite, pour les 34 à 40/42 à 48.

- 150 x 740/760 cm de tulle
- 125 x 370/380 cm de tulle à pois
- 110 x 250/260 cm de doupion de soie
- 110 x 320/330 cm de doublure
- 92 x 125/135 cm de toile thermocollante
- 1 fermeture à glissière invisible de 56 cm de long
- 1 paire d'agrafes à ressorts
- 10 boutons recouverts de ø 1 cm
- 2 boutons-pression de ø 1,5 cm

Plans de coupe

※ Ajouter 1 cm de marge de couture, sauf indication contraire.
※ Thermocoller les pièces indiquées en gris.

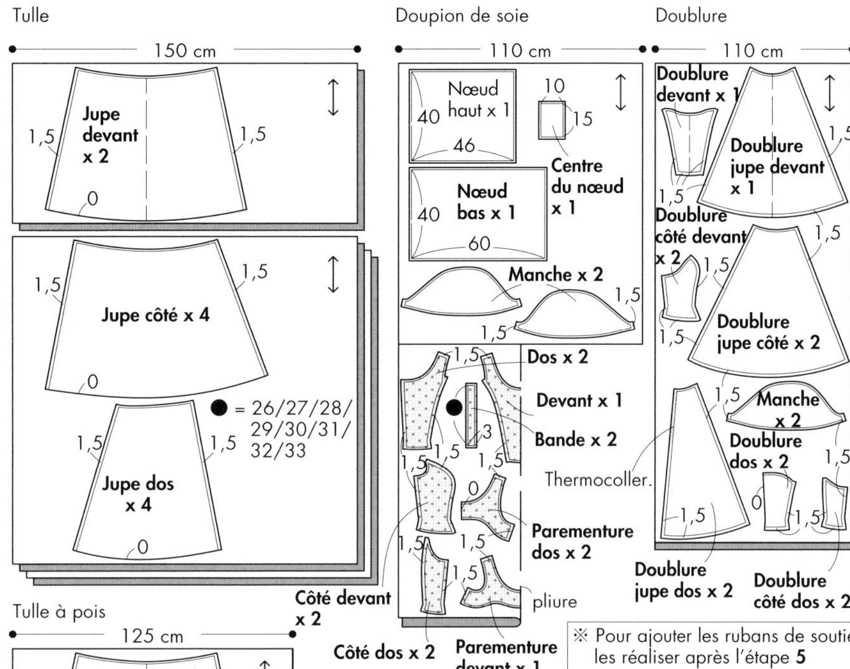

※ Pour ajouter les rubans de soutien, les réaliser après l'étape **5** (voir p. 60, étape **8**).

Réalisation

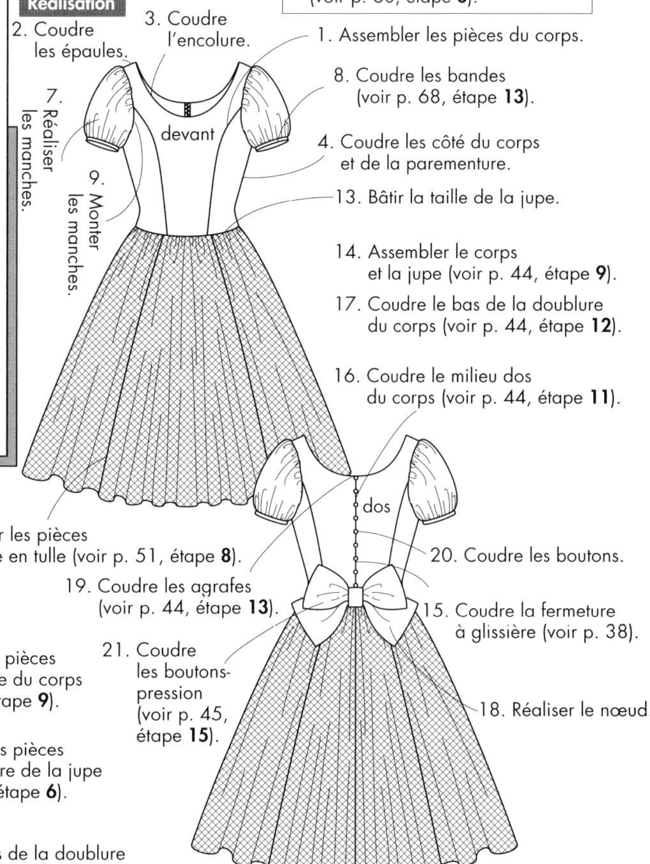

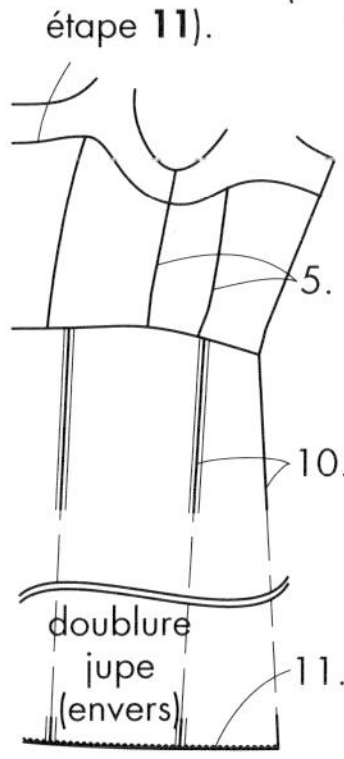

Réalisation

1. Assembler les pièces du corps.

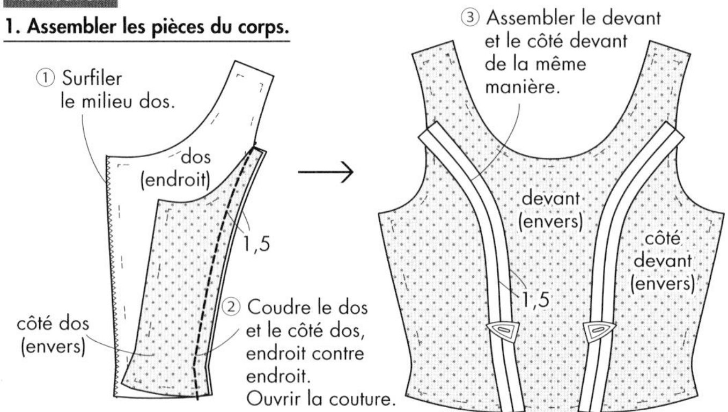

2. Coudre les épaules.

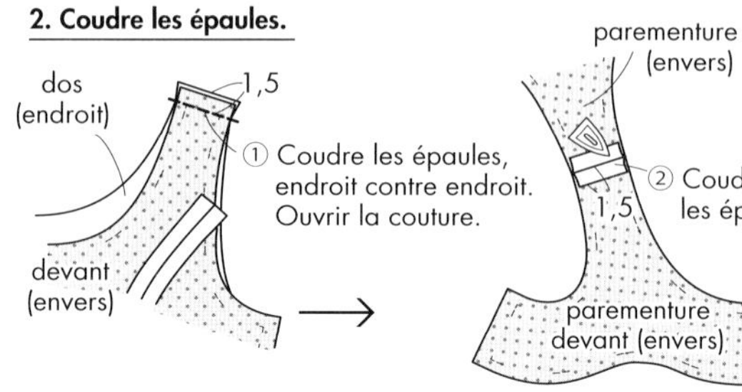

3. Coudre l'encolure.

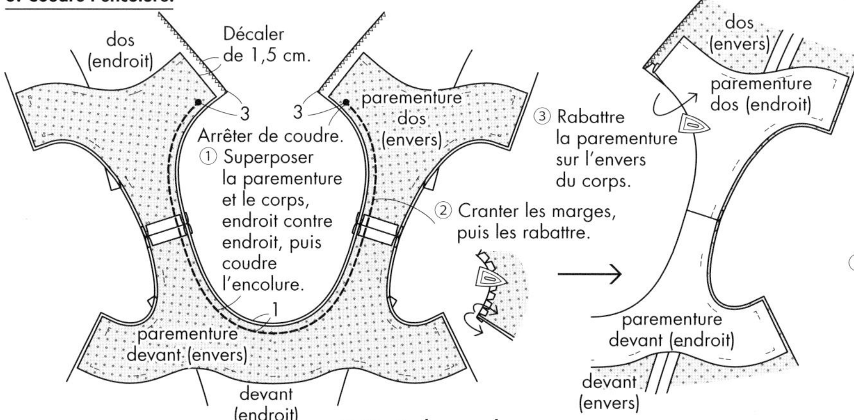

4. Coudre les côtés du corps et de la parementure.

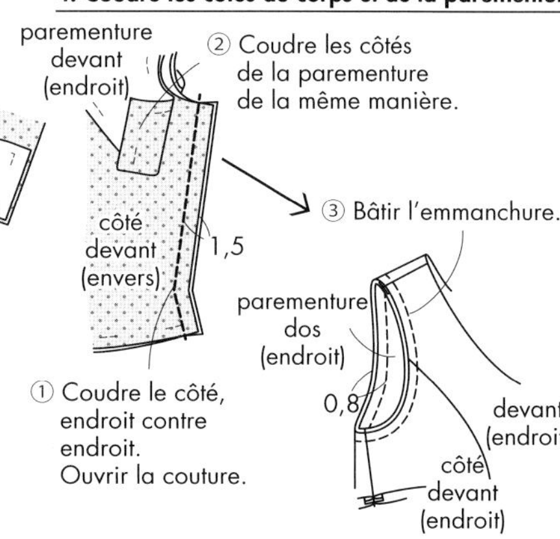

7. Réaliser les manches.

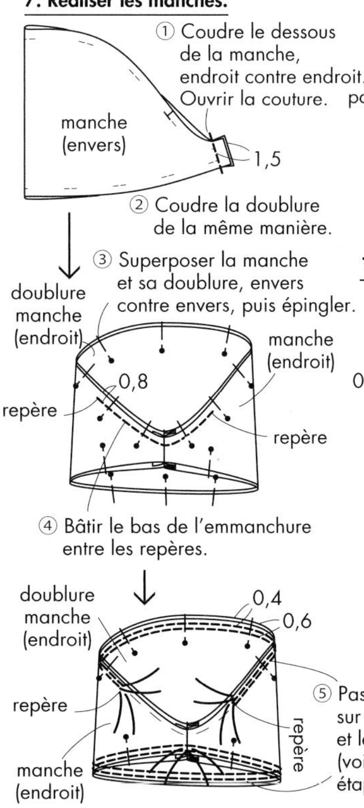

9. Monter les manches.

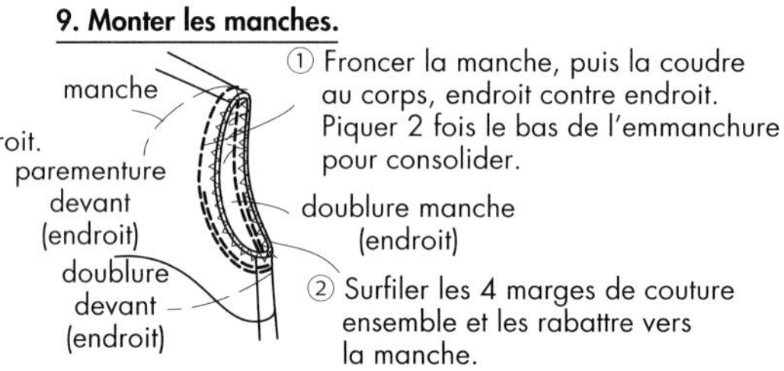

13. Bâtir la taille de la jupe.

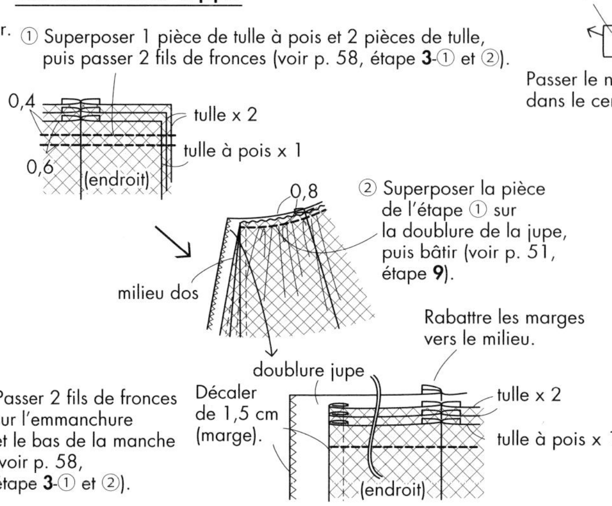

18. Réaliser le nœud.

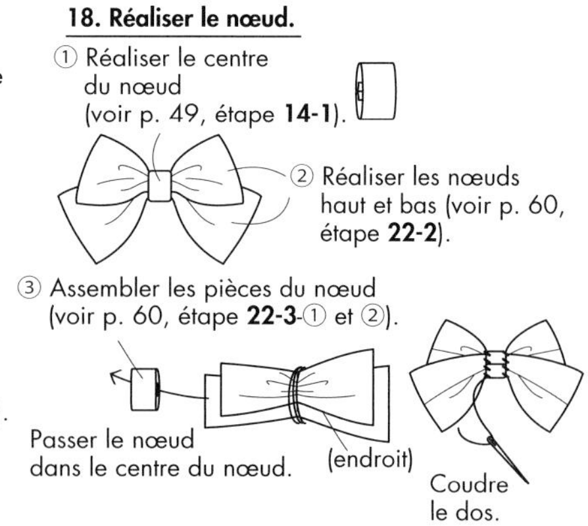

20. Coudre les boutons.

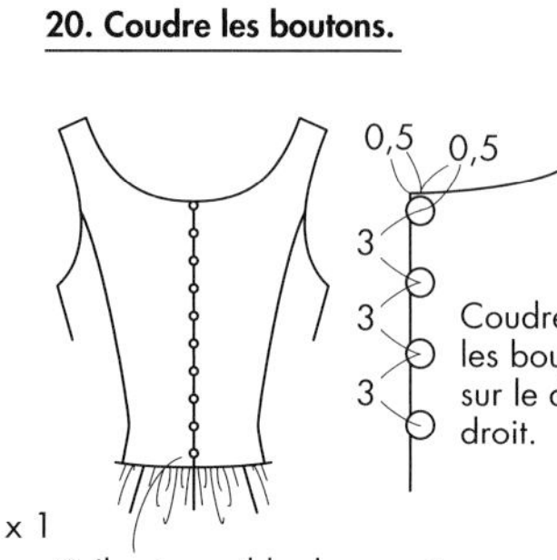

※ Il est possible de supprimer le dernier bouton pour ajouter un nœud.

K

Robe empire

p. 22

Dimensions
(de gauche à droite pour les tailles 34/36/38/40/42/44/46/48)
Hauteur dos du corps : 24,9/25,2/25,5/25,8/26,1/26,4/26,7/27 cm
Longueur des manches : 19,3/19,6/19,9/20,2/20,5/20,8/21,1/21,4 cm
Longueur de la jupe : 114,5/115/115,5/116/116,5/117/117,5/118 cm

Patrons en taille réelle
Face E <12>
1. devant,
2. côté devant,
3. dos,
4. côté dos,
5. devant base,
6. doublure devant,
7. doublure côté devant,
8. doublure dos,
9. doublure côté dos,
10. manche,
11. parementure devant,
12. parementure dos,
13. doublure jupe devant,
14. doublure jupe côté devant,
15. doublure jupe dos,
16. doublure jupe côté dos.

※ Réaliser les patrons de la jupe devant, de la jupe côté devant, de la jupe dos et de la jupe côté dos en suivant les indications de l'encart face E.

Fournitures
Les métrages sont donnés, de gauche à droite, pour les 34 à 40/42 à 48.
- 150 x 1650/1710 cm de crêpe georgette
- 144 x 100/110 cm de mousseline
- 110 x 980/1000 cm de doublure
- 92 x 60/70 cm de toile thermocollante
- 1 fermeture à glissière invisible de 56 cm de long
- 196/200/204/208/212/216/220/224 cm de gros-grain de 2 cm de large
- 34/36/38/40/42/44/46/48 cm de ruban de 0,5 cm de large

Plans de coupe
※ Ajouter 1 cm de marge de couture, sauf indication contraire.
※ Thermocoller les pièces indiquées en gris.

Réalisation

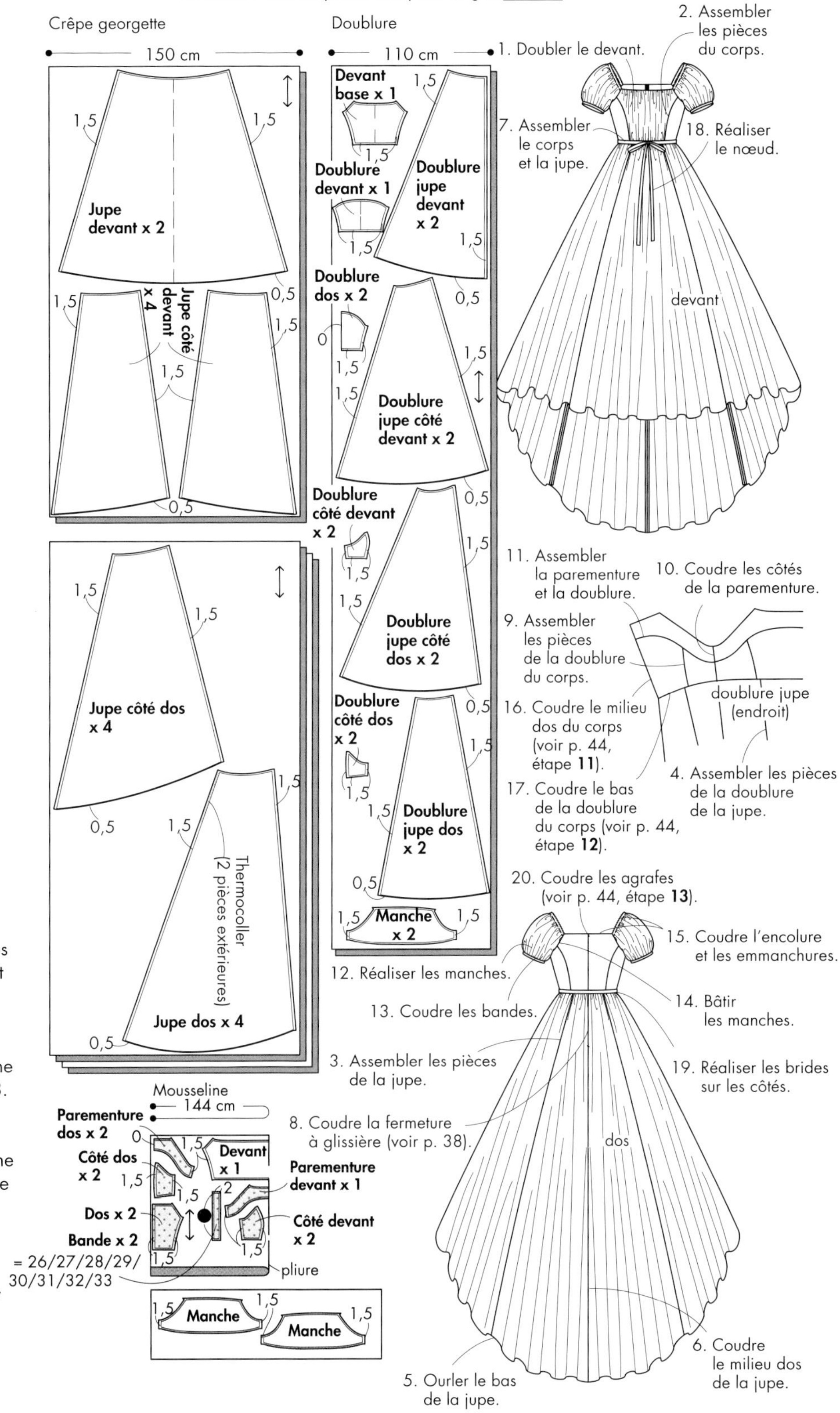

Réalisation

1. Doubler le devant.

※ Doubler uniquement le devant.

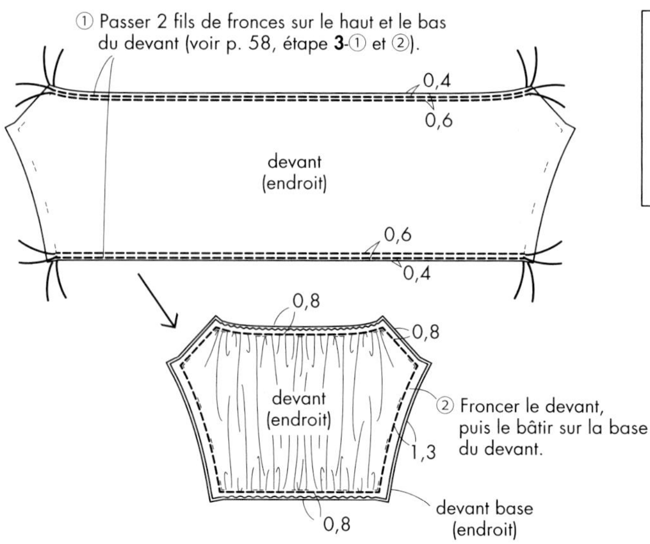

2. Assembler les pièces du corps.

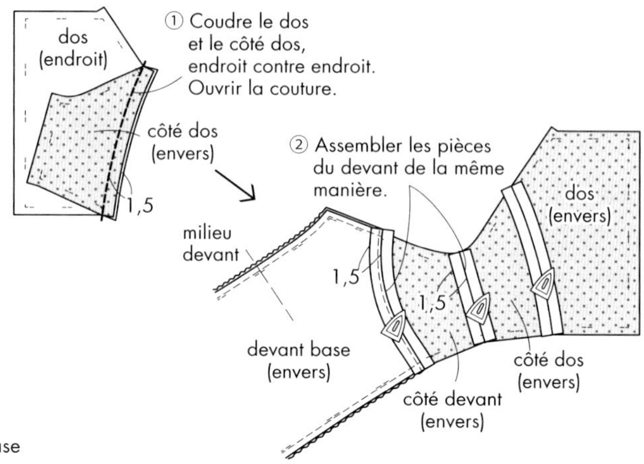

3. Assembler les pièces de la jupe.

※ Réaliser 2 jupes pour les superposer.

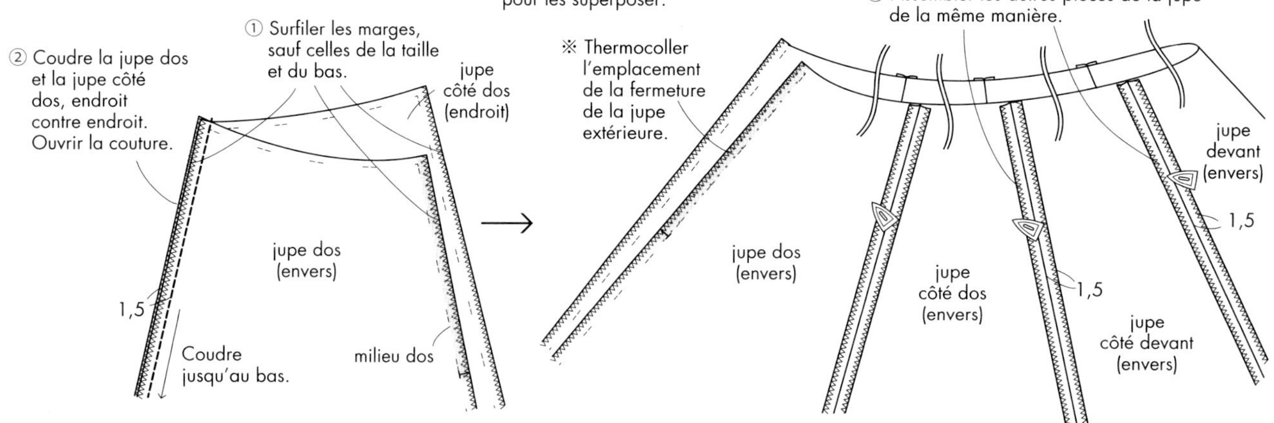

4. Assembler les pièces de la doublure de la jupe.

※ Rabattre les marges du milieu devant vers la droite.

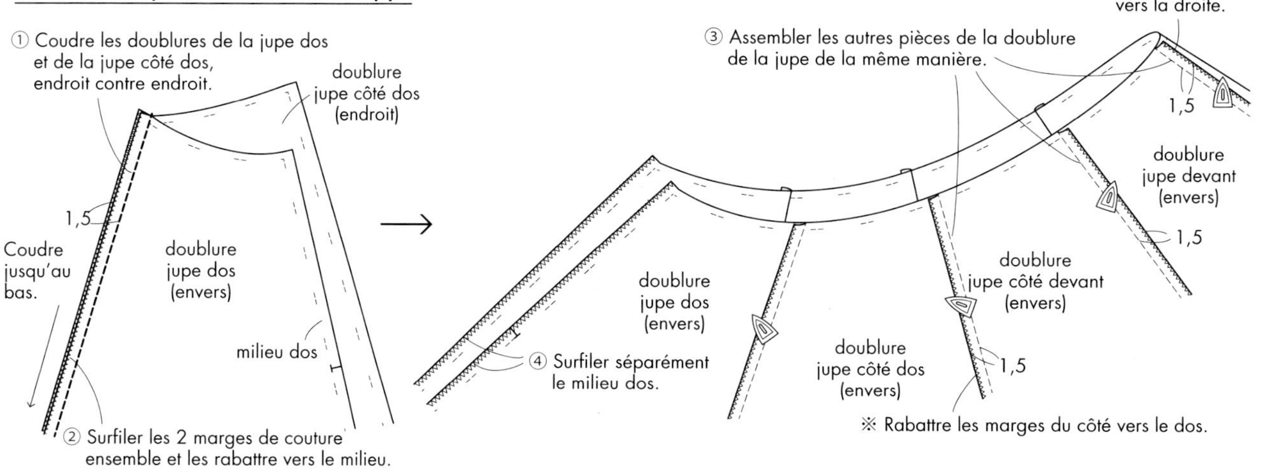

5. Ourler le bas de la jupe.

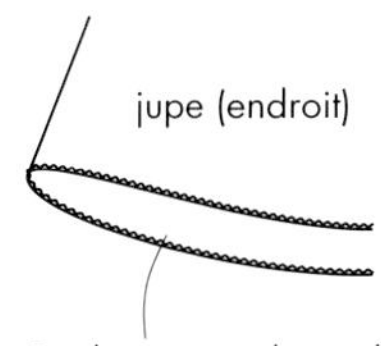

Réaliser un ourlet roulotté au bas.

Procéder de la même manière pour la jupe extérieure, la jupe intérieure et la doublure de la jupe.

6. Coudre le milieu dos de la jupe.

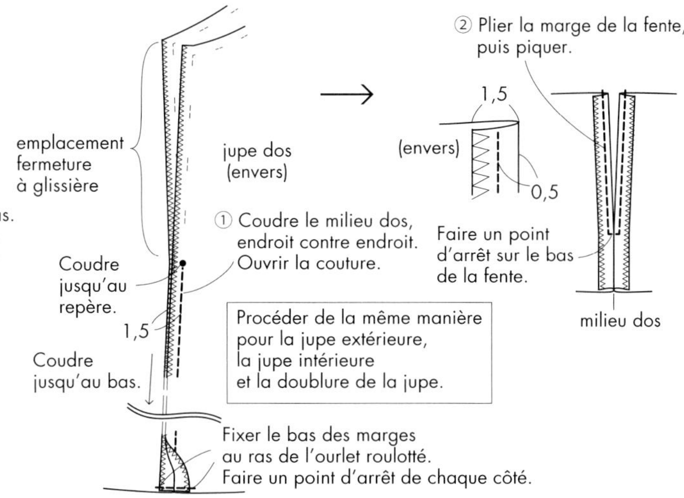

① Coudre le milieu dos, endroit contre endroit. Ouvrir la couture.

Procéder de la même manière pour la jupe extérieure, la jupe intérieure et la doublure de la jupe.

Fixer le bas des marges au ras de l'ourlet roulotté. Faire un point d'arrêt de chaque côté.

② Plier la marge de la fente, puis piquer.

Faire un point d'arrêt sur le bas de la fente.

jupe extérieure : ne pas plier la marge en 2.
jupe intérieure : plier la marge en 2.
doublure de la jupe : plier la marge en 2.

7. Assembler le corps et la jupe.

① Passer 2 fils de fronces sur le haut de la jupe (voir p. 58, étape **3**-① et ②).

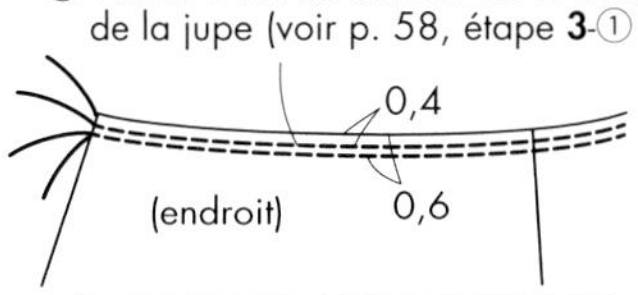

Procéder de la même manière pour la jupe extérieure, la jupe intérieure et la doublure de la jupe.

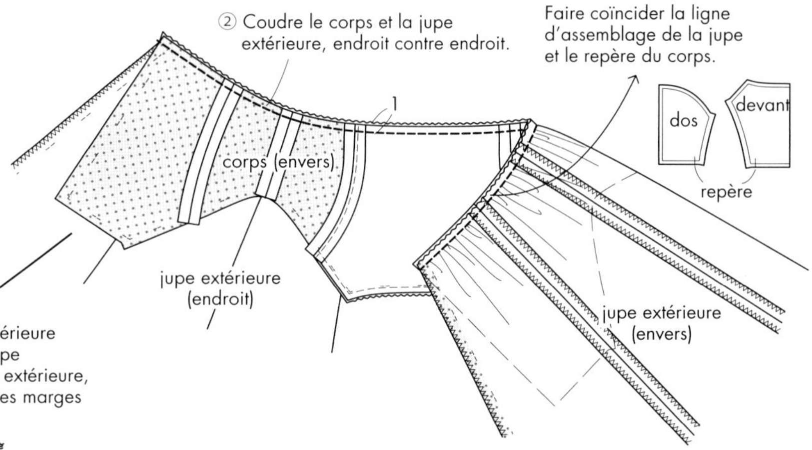

② Coudre le corps et la jupe extérieure, endroit contre endroit.

Faire coïncider la ligne d'assemblage de la jupe et le repère du corps.

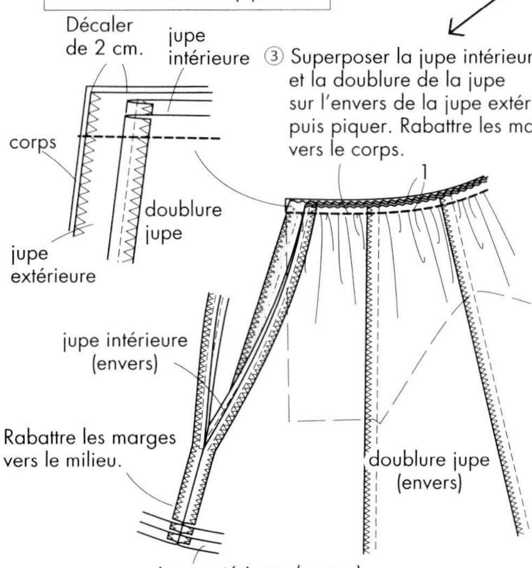

③ Superposer la jupe intérieure et la doublure de la jupe sur l'envers de la jupe extérieure, puis piquer. Rabattre les marges vers le corps.

Rabattre les marges vers le milieu.

9. Assembler les pièces de la doublure du corps.

① Coudre les doublures du dos et du côté dos, endroit contre endroit. Rabattre les marges vers le milieu avec une aisance de 0,3 cm.

② Coudre les côtés de la doublure, endroit contre endroit. Rabattre les marges vers le dos avec une aisance de 0,5 cm.

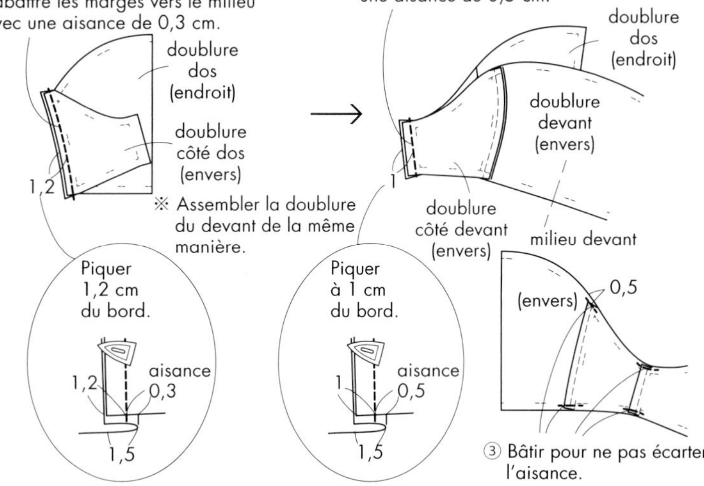

※ Assembler la doublure du devant de la même manière.

③ Bâtir pour ne pas écarter l'aisance.

10. Coudre les côtés de la parementure.

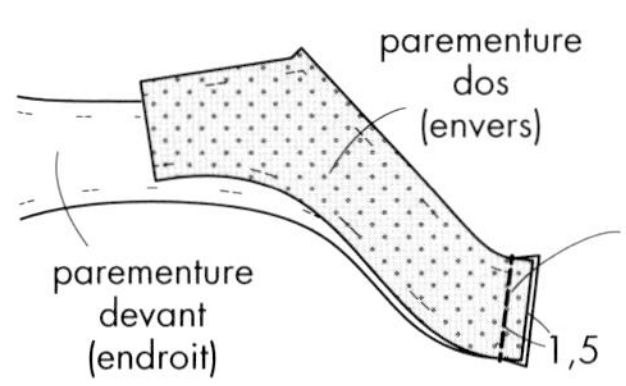

Coudre les côtés des parementures devant et dos, endroit contre endroit. Ouvrir la couture.

11. Assembler la parementure et la doublure.

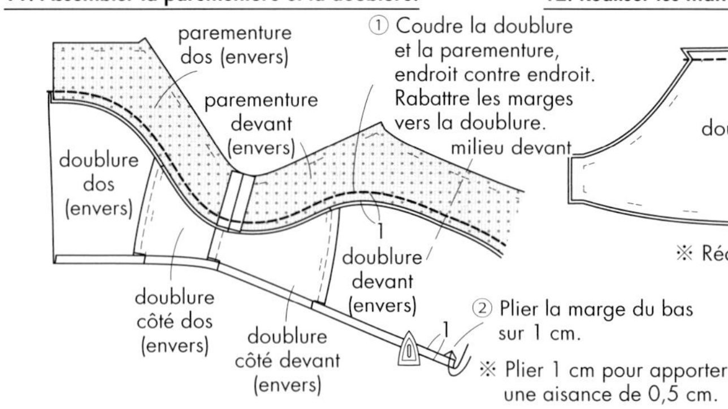

12. Réaliser les manches.

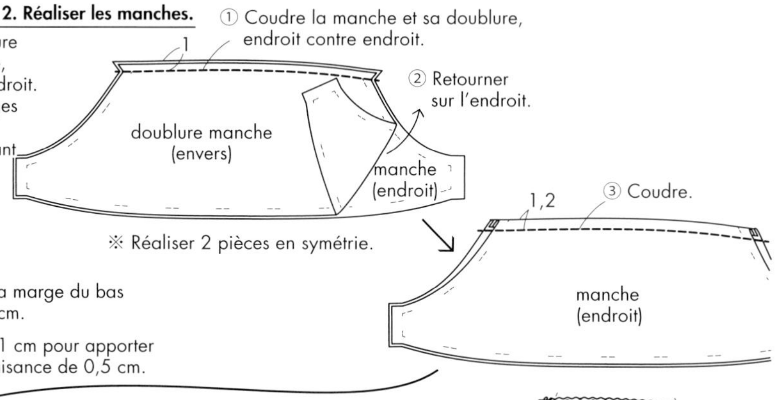

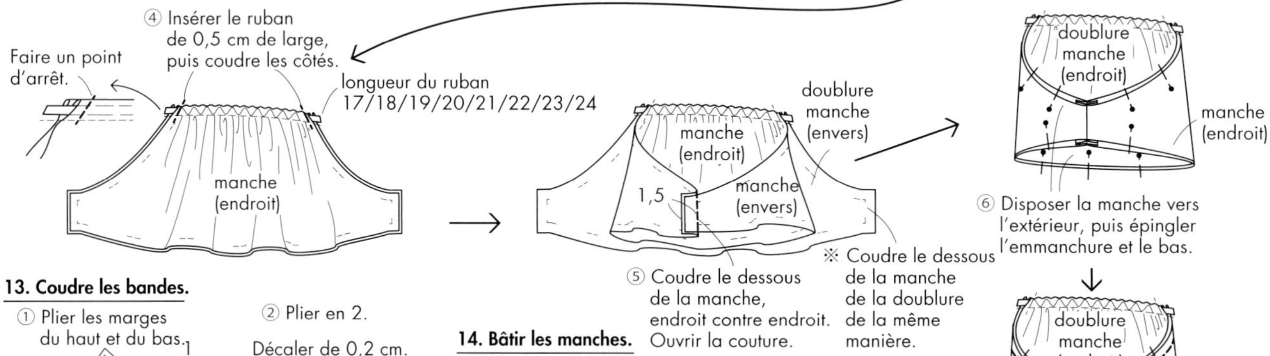

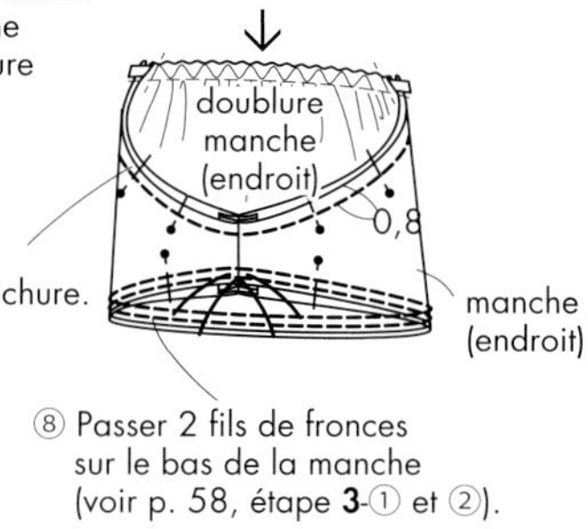

13. Coudre les bandes.

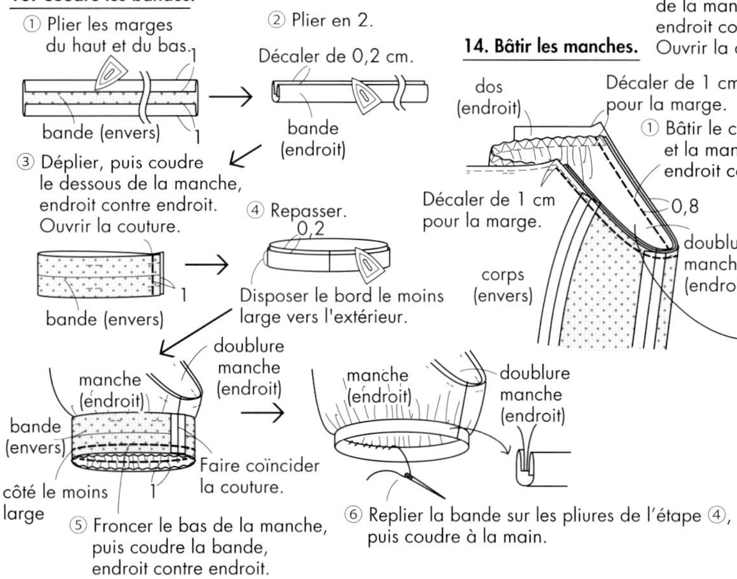

14. Bâtir les manches.

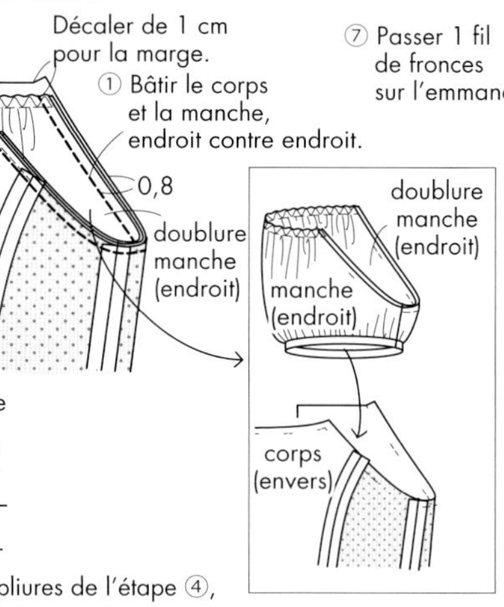

19. Réaliser les brides sur les côtés.

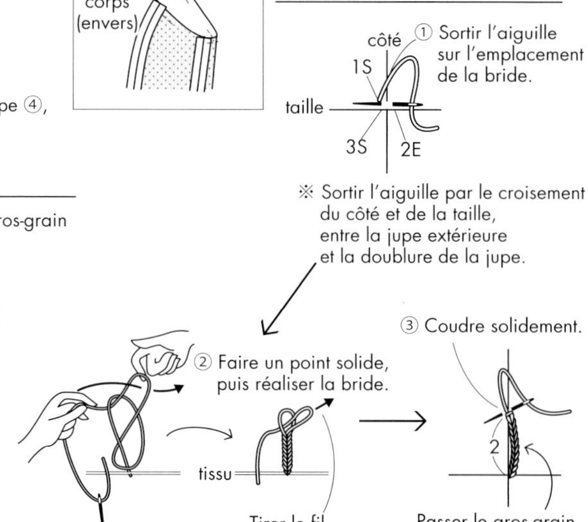

15. Coudre l'encolure et les emmanchures.

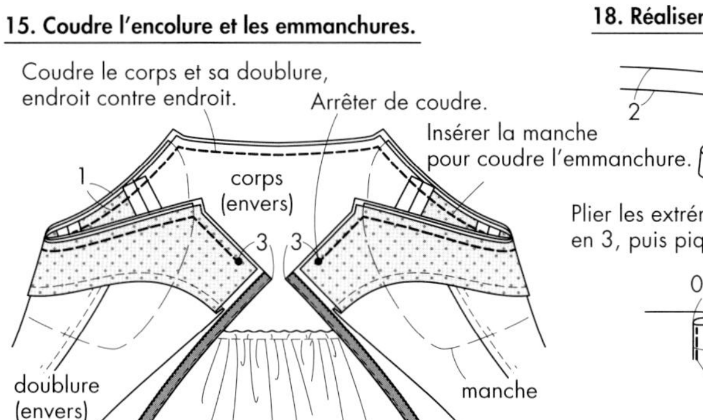

18. Réaliser le nœud.

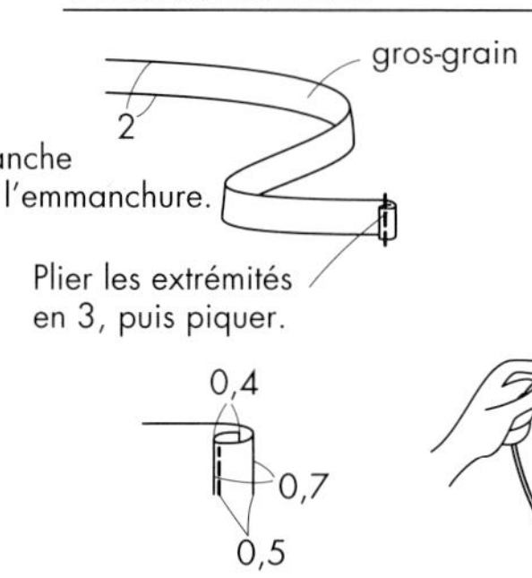

L

Robe de princesse

p. 24

Dimensions
(de gauche à droite pour les tailles 34/36/38/40/42/44/46/48)
Hauteur dos du corps : 26/26,2/26,4/26,6/26,8/27/27,2/27,4 cm
Longueur du dos de la jupe : 109/109,5/110/110,5/111/111,5/112/112,5 cm
Longueur du devant du jupon : 105/105,5/106/106,5/107/107,5/108/108,5 cm

Patrons en taille réelle
Face F <13>
1. devant,
2. côté devant,
3. dos,
4. côté dos,
5. doublure devant,
6. doublure côté devant,
7. doublure dos,
8. doublure côté dos,
9. parementure devant,
10. parementure dos,
11. basque,
12. jupe devant,
13. jupe côté devant,
14. jupe dos,
15. jupe côté dos.

※ Réaliser les patrons du jupon et de la doublure jupon en suivant les indications de l'encart face F.

Fournitures
Les métrages sont donnés, de gauche à droite, pour les 34 à 40/42 à 48.
- 150 x 660/670 cm de jacquard
- 150 x 1400 cm de mousseline
- 110 x 710/720 cm de doublure
- 92 x 140/150 cm de toile thermocollante
- 1 fermeture à glissière invisible de 56 cm de long
- 1 fermeture à glissière invisible de 22 cm de long
- 1 paire d'agrafes à ressorts
- 2 boutons-pression de ø 1,5 cm
- 1 paire d'agrafes et barrettes
- 18 cm de ruban de 0,6 cm de large
- 440/460/470/480/490/500/510/520 cm de crin de 5 cm de large

Plans de coupe

※ Ajouter 1 cm de marge de couture, sauf indication contraire.
※ Thermocoller les pièces indiquées en gris.

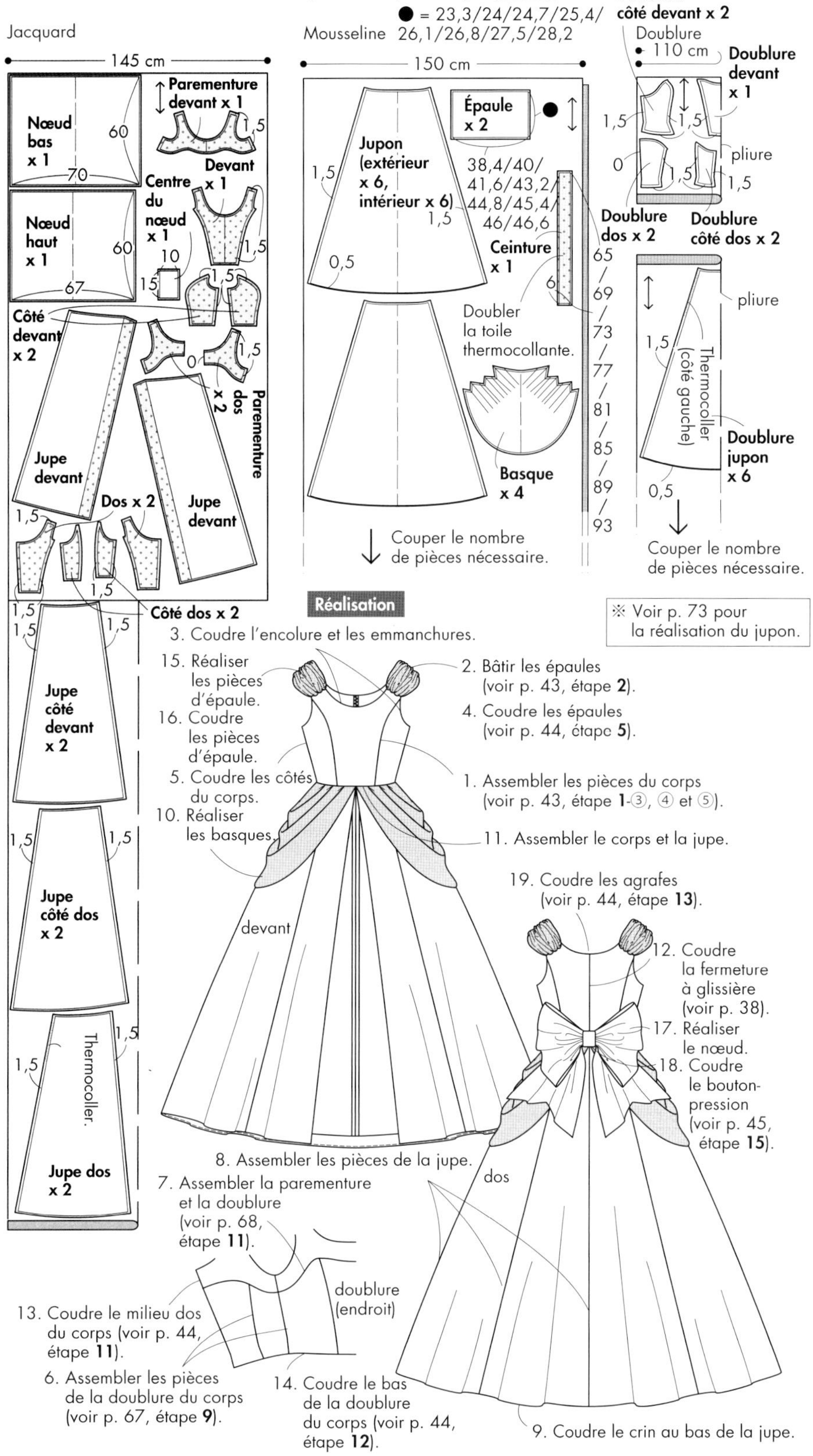

Réalisation

3. Coudre l'encolure et les emmanchures.

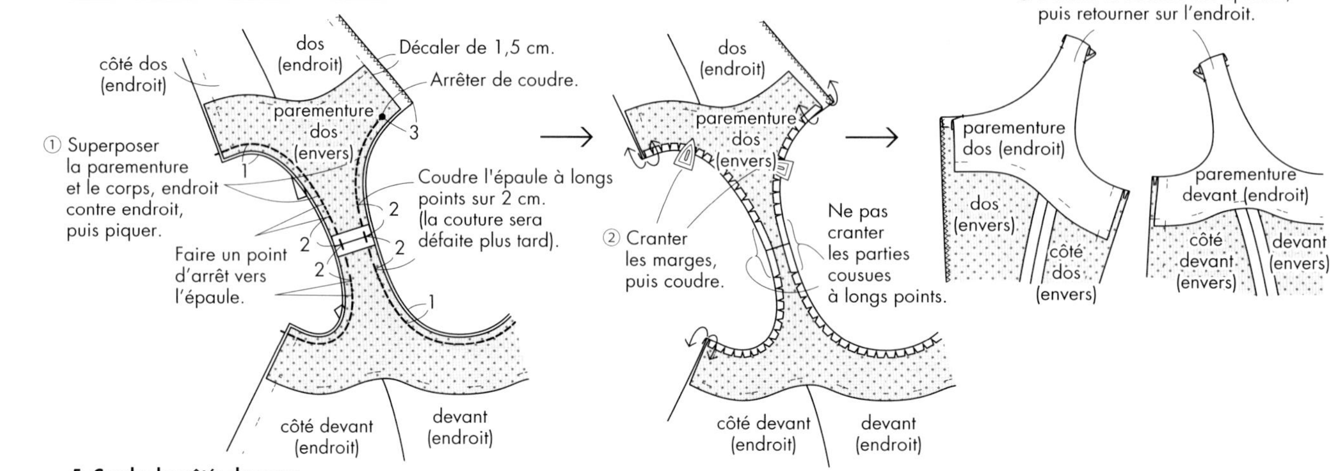

5. Coudre les côtés du corps.

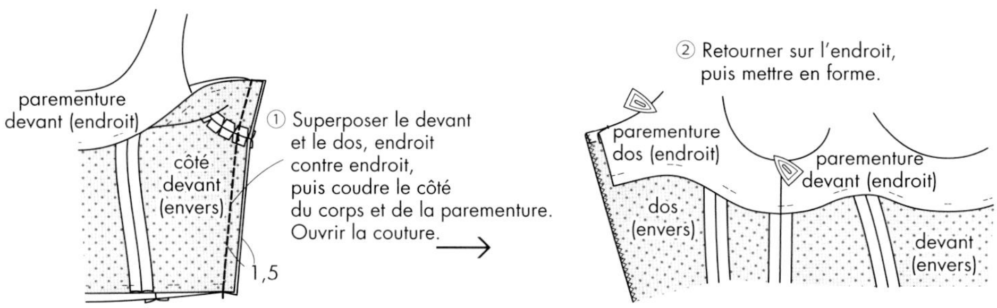

8. Assembler les pièces de la jupe.

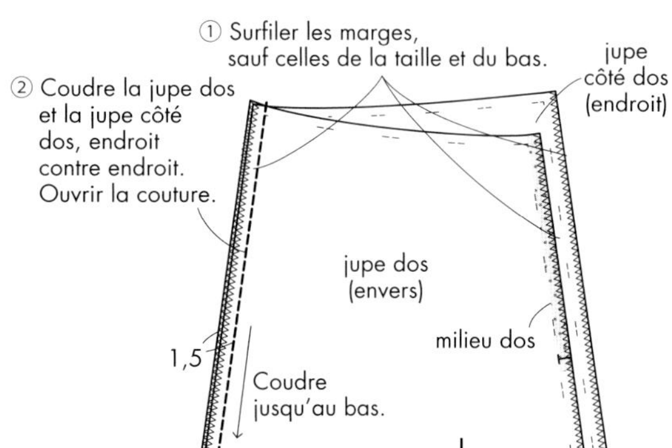

9. Coudre le crin au bas de la jupe.

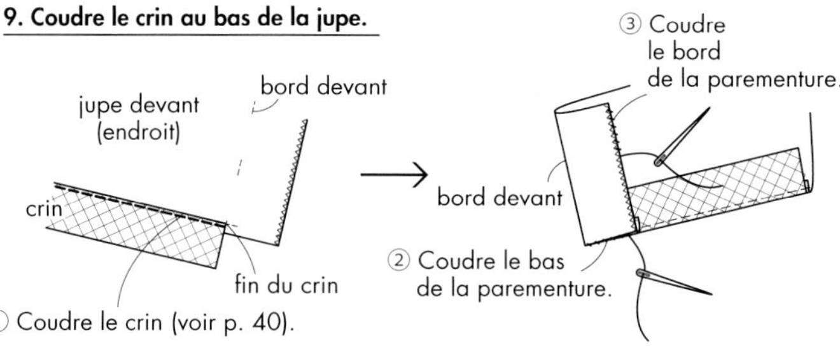

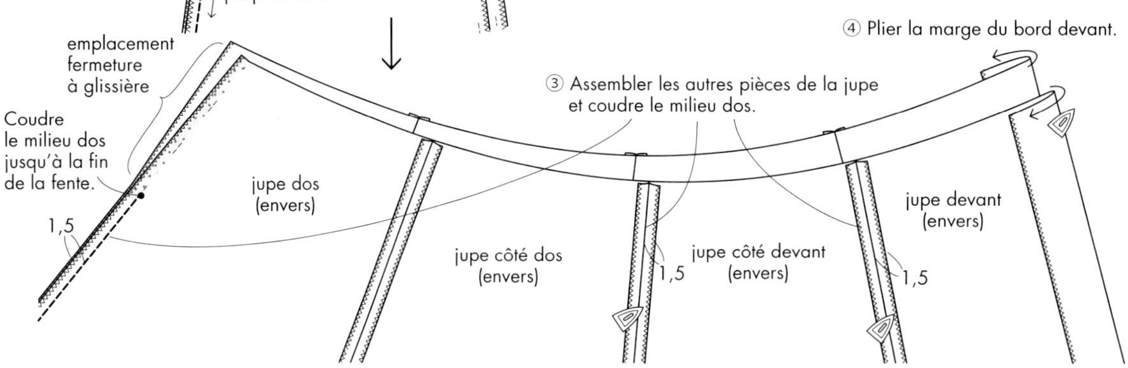

10. Réaliser les basques.

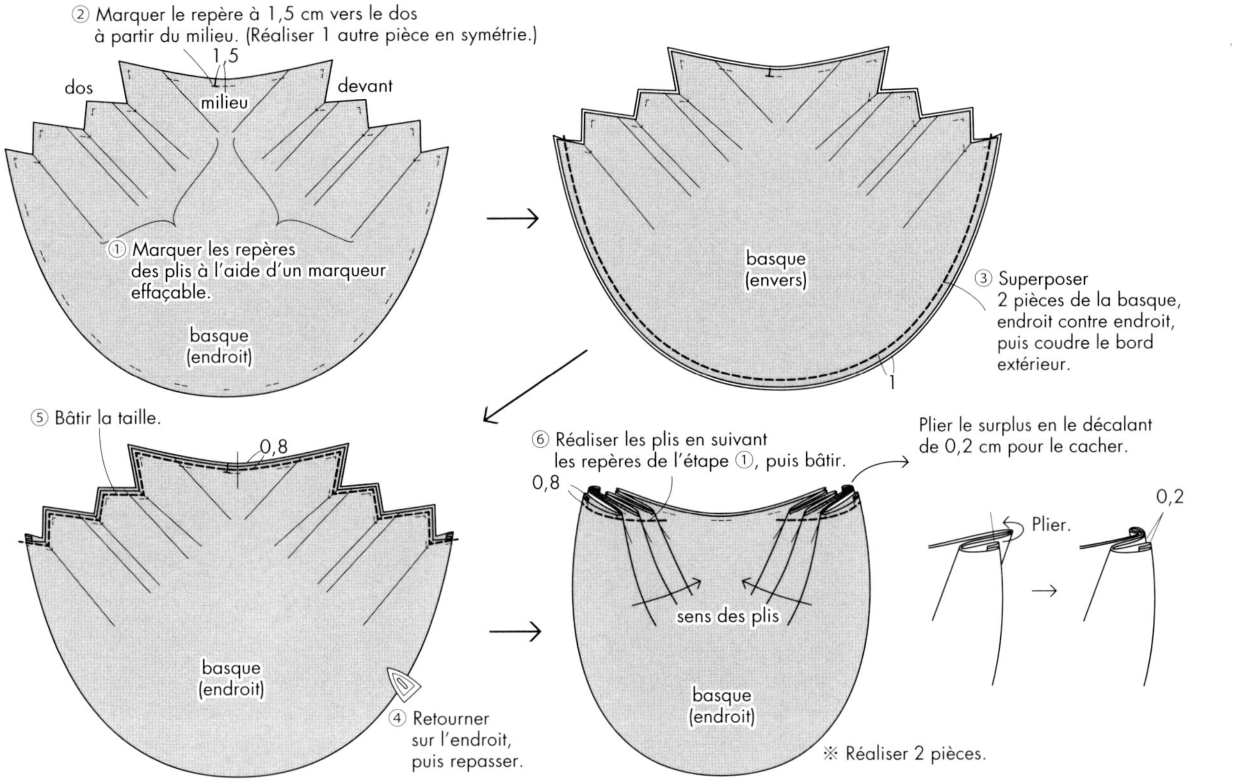

11. Assembler le corps et la jupe.

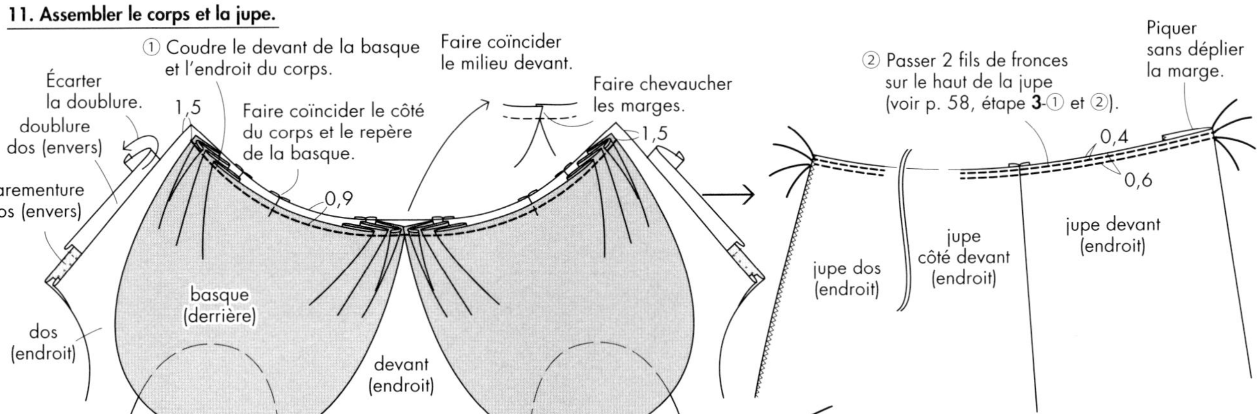

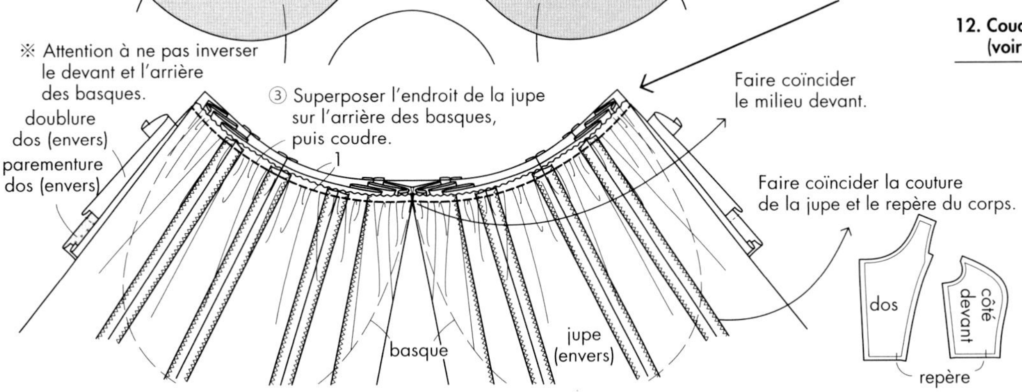

12. Coudre la fermeture à glissière (voir p. 38).

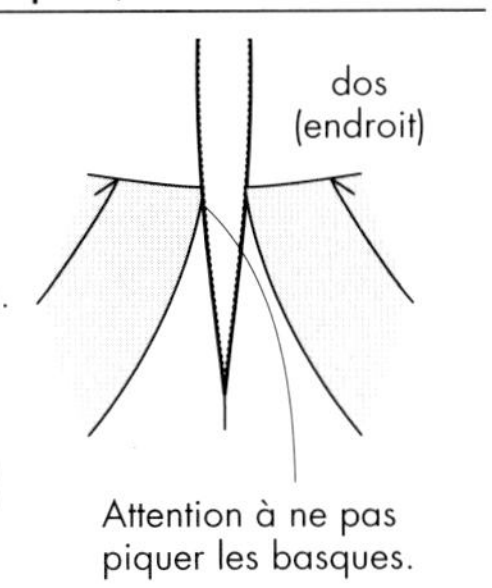

15. Réaliser les pièces d'épaule.

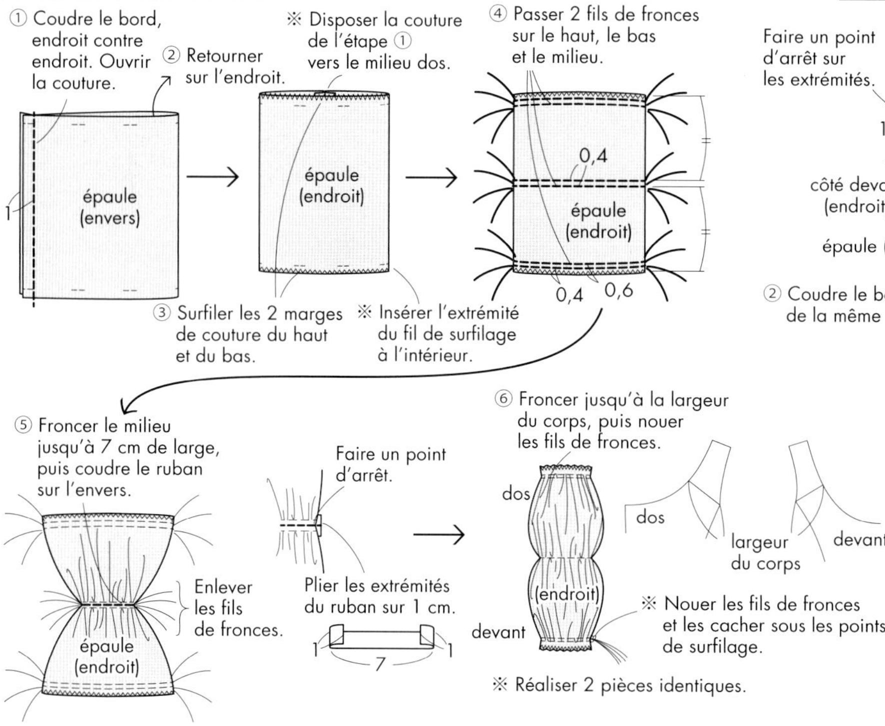

16. Coudre les pièces d'épaule.

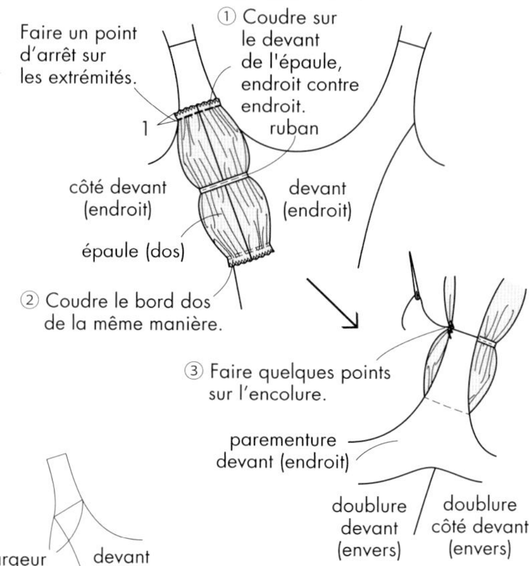

17. Réaliser le nœud.

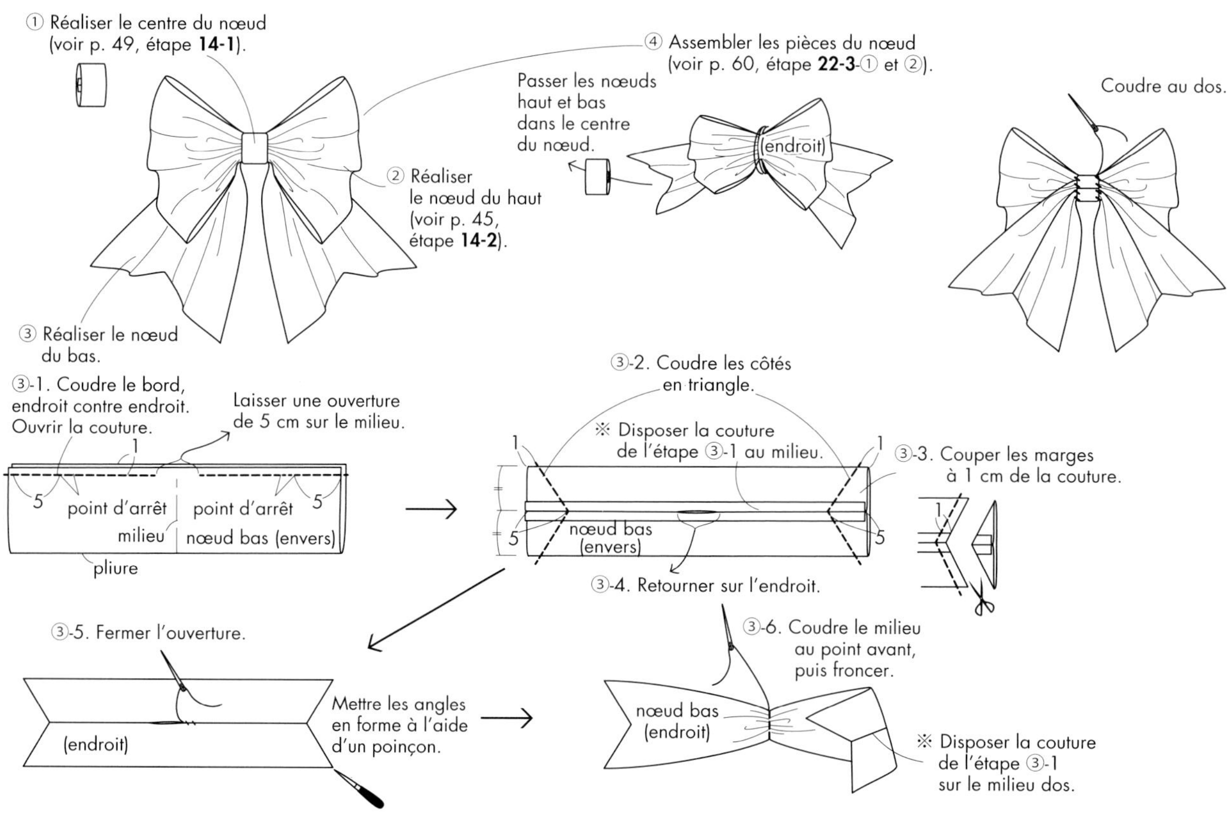

20. Réaliser le jupon.

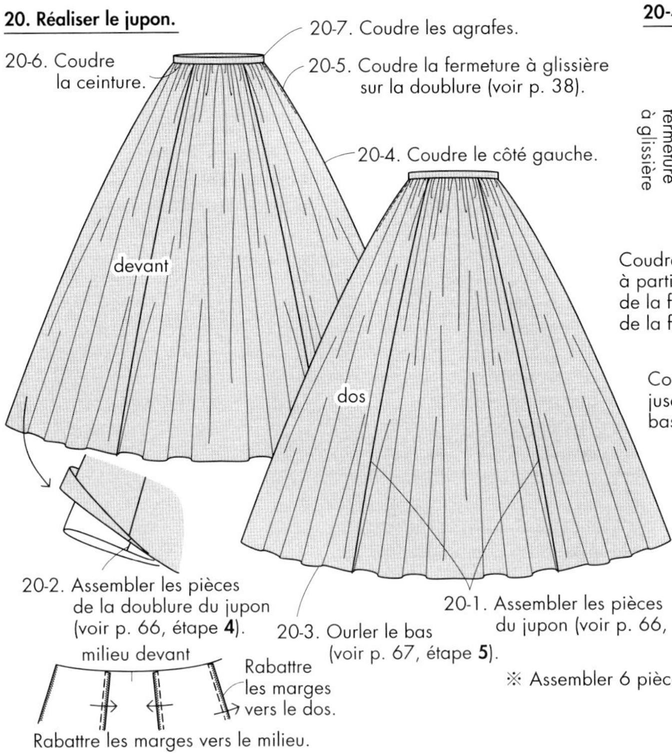

※ Assembler 6 pièces pour le jupon extérieur et le jupon intérieur.

20-4. Coudre le côté gauche.

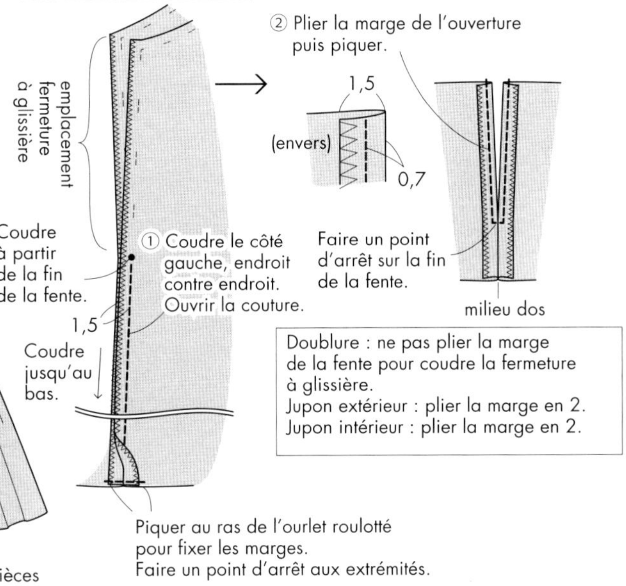

20-6. Coudre la ceinture.

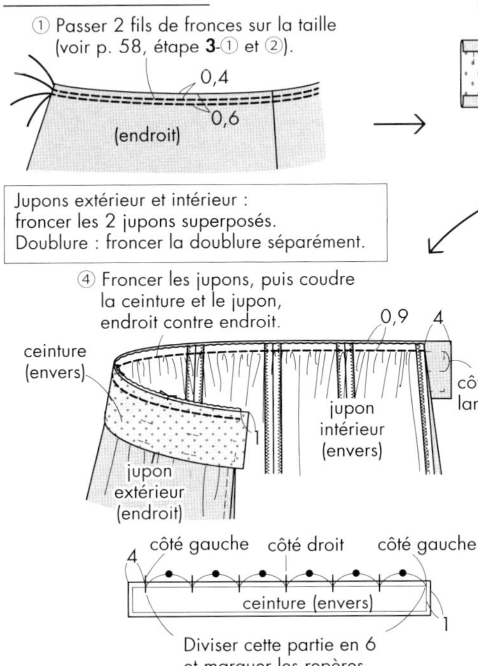

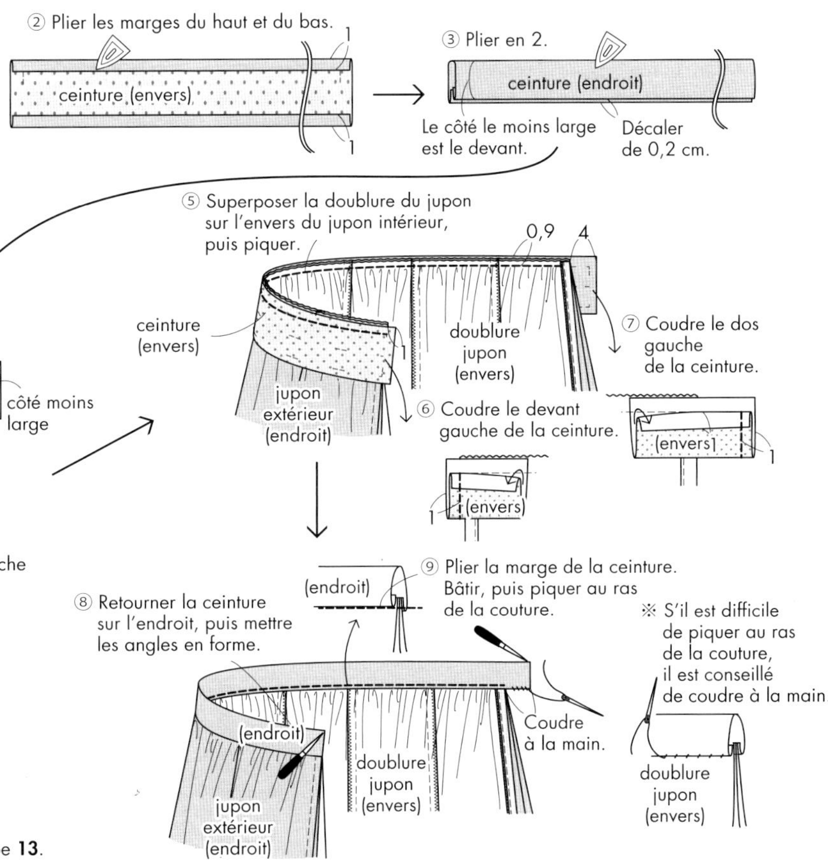

20-7. Coudre les agrafes.

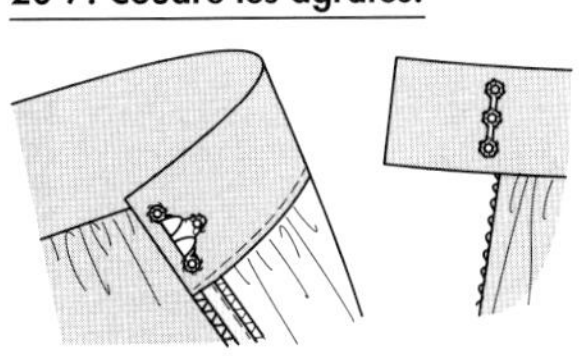

※ Voir p. 44, étape **13**.

MNO

Voiles de mariée (court, mi-long, long)

p. 26 et 27

Dimensions (largeur x longueur)
Voile court : 150 x 75 cm
Voile mi-long : 150 x 100 cm
Voile long : 190 x 300 cm

Fournitures

Voile court
- 140 x 200 cm de tulle
- 1 barrette peigne
- 460 cm de dentelle festonnée de 0,7 cm de large
- 3 fleurs artificielles

Voile mi-long
- 180 x 200 cm de tulle
- 1 peigne
- 520 cm de fil nylon de ø 0,5 mm
- 39 cm de dentelle festonnée de 3 cm de large

Voile long
- 200 x 380 cm de tulle
- 1 barrette peigne

Plans de coupe

※ Couper toutes les pièces à bords bruts.
※ Plier le tulle en 4 pour couper la pièce.

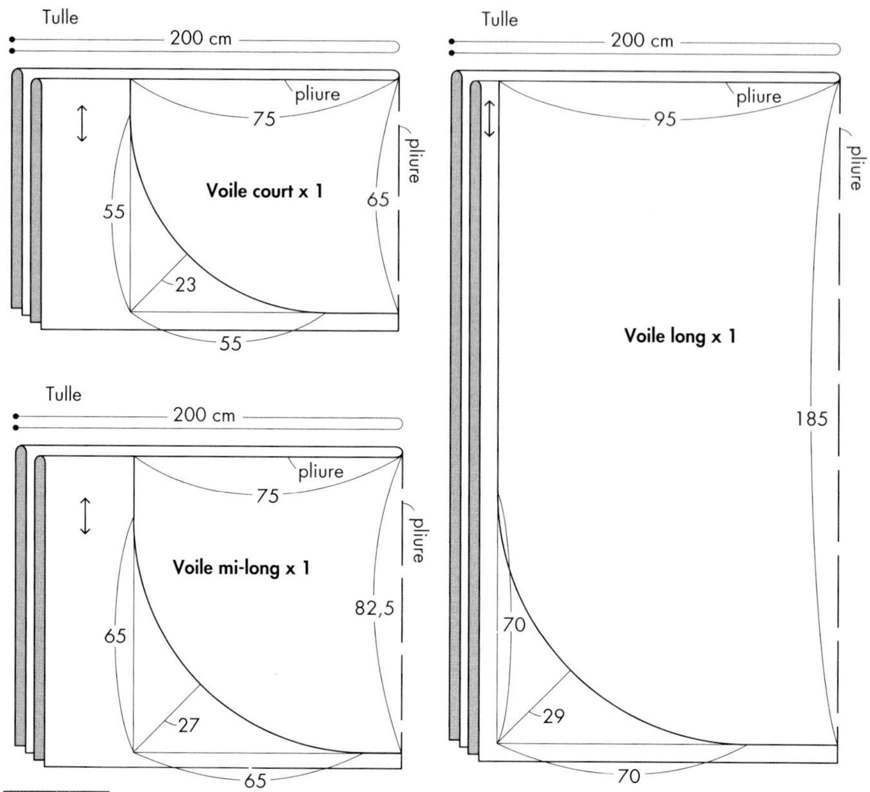

Réalisation

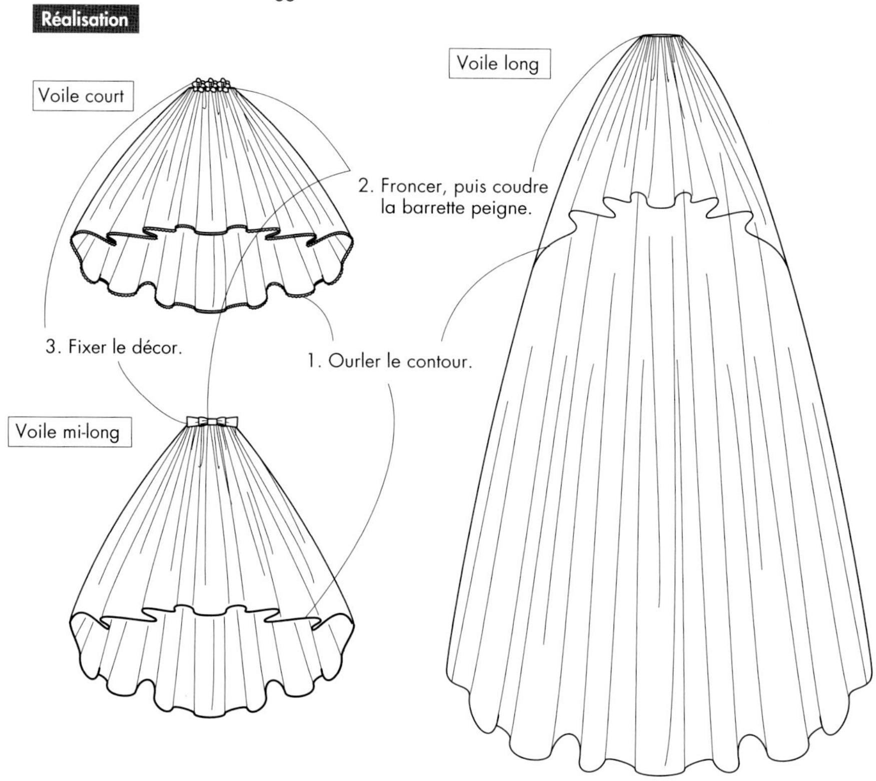

Réalisation

1. Ourler le contour.

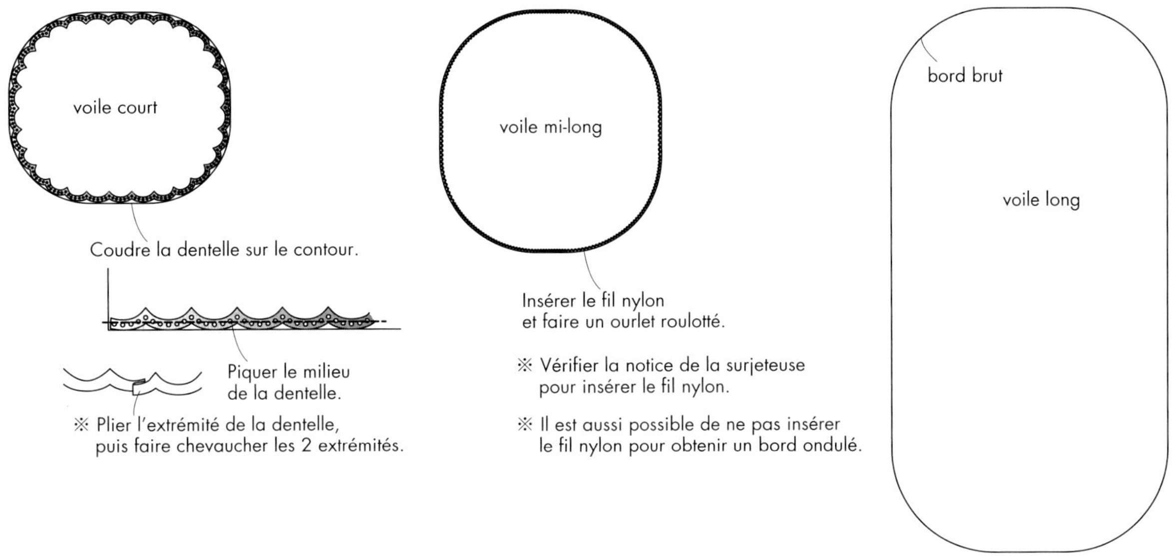

2. Froncer, puis coudre la barrette peigne.

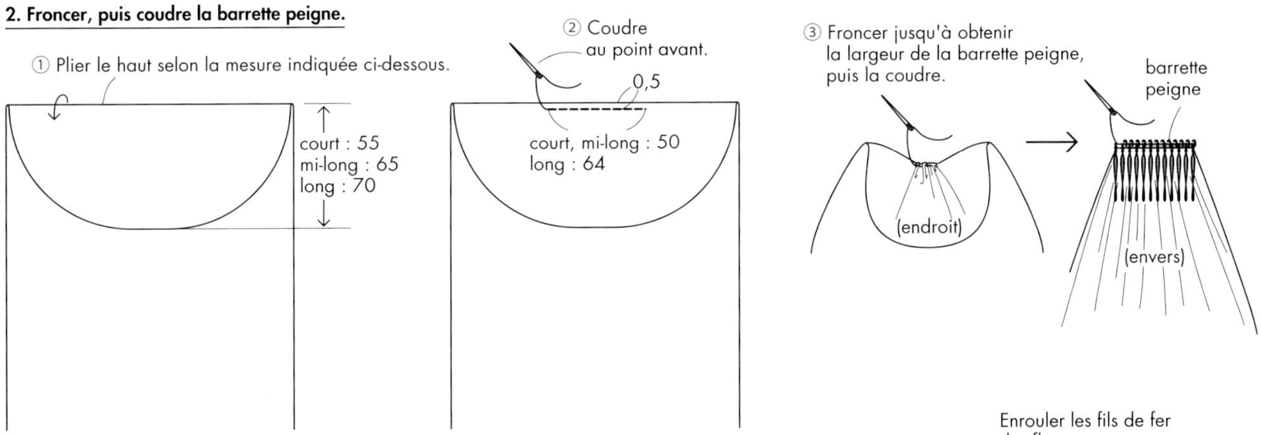

3. Coudre le décor.

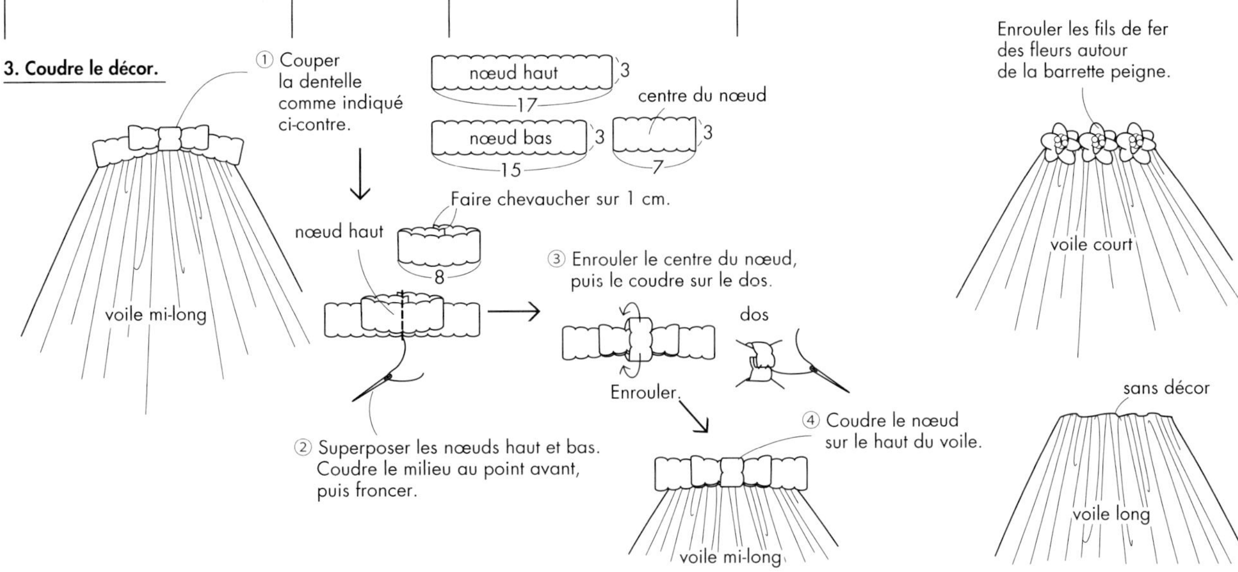

Gants courts

p. 28

Dimensions
Tour de poignet : 17 cm
Longueur (entre la pointe du majeur et le bord du poignet) : 22,3 cm

Patrons en taille réelle
Face C <14>
1. corps,
2. pouce,
3. côté A,
4. côté B,
5. côté C.

Fournitures
• 30 x 125 cm de tulle plumetis blanc

Plan de coupe

※ Ajouter 0,3 cm de marge de couture, sauf indication contraire.
※ Les marges de couture sont comprises sur les patrons de l'encart.

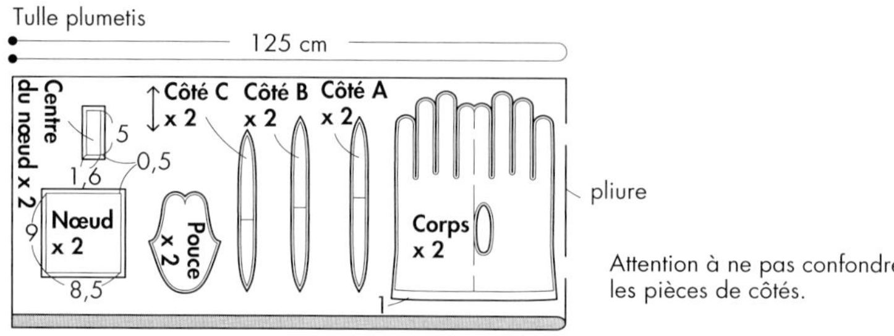

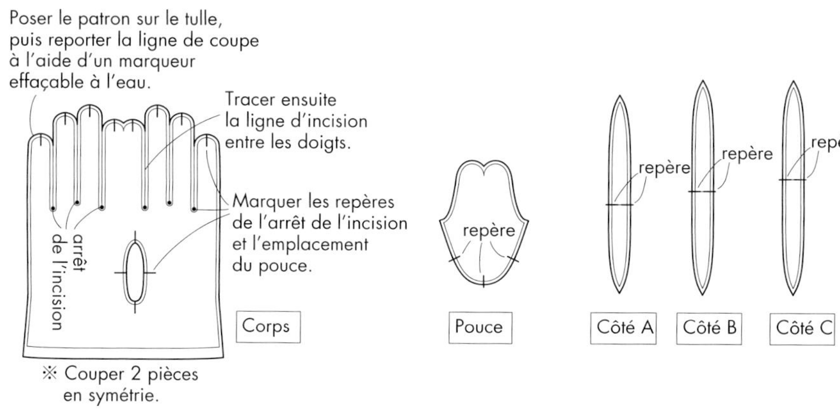

Réalisation

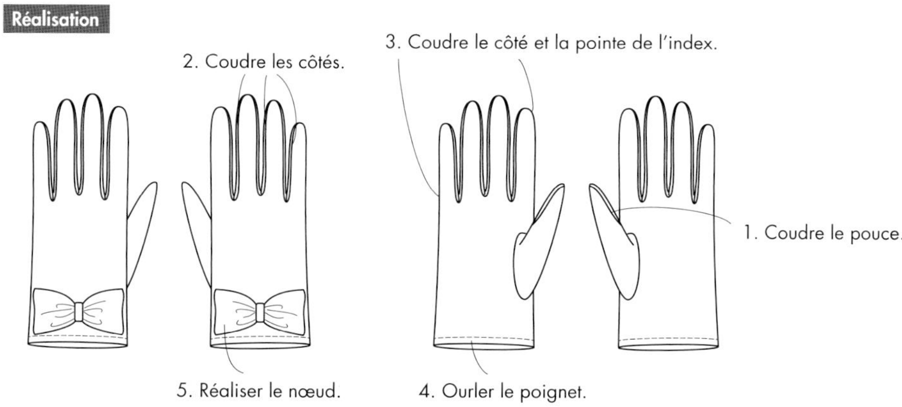

Réalisation ※ Réaliser 2 pièces en symétrie.

1. Réaliser le pouce.

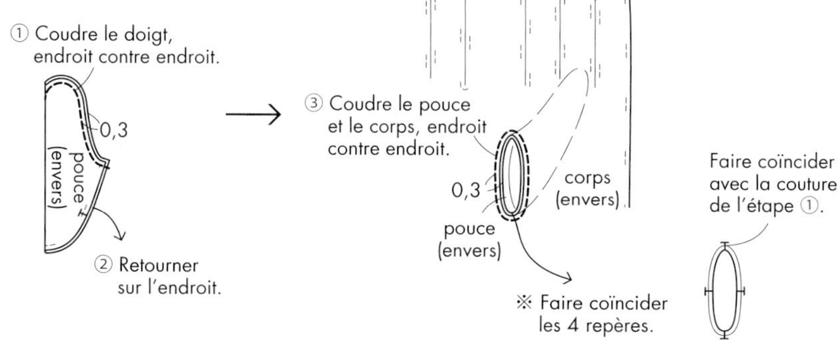

2. Coudre les côtés.

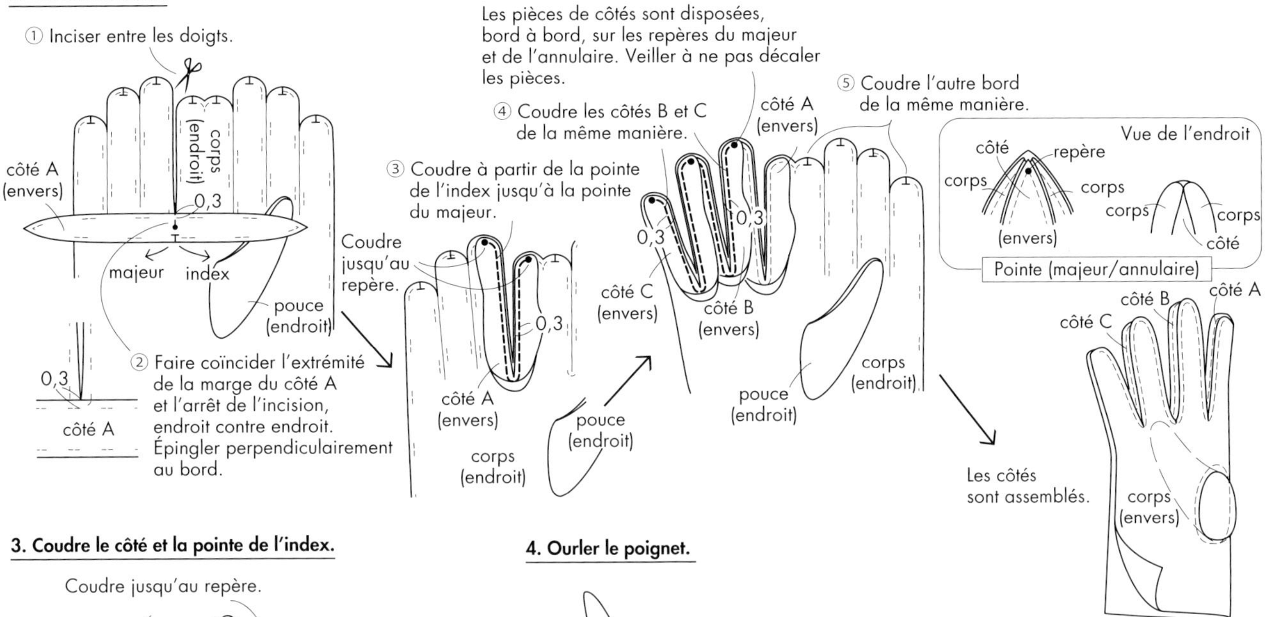

3. Coudre le côté et la pointe de l'index.

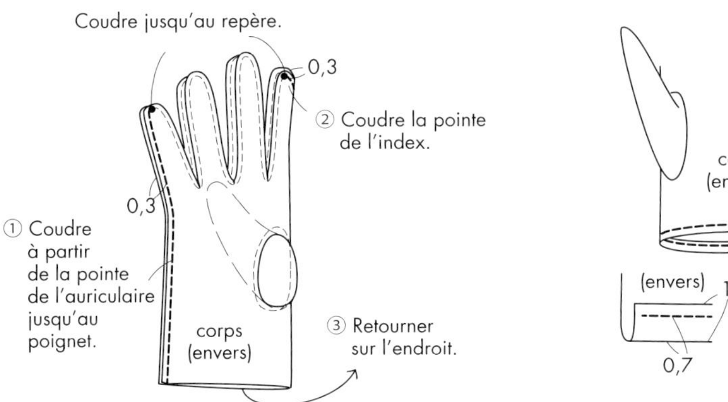

※ Le tulle est très délicat et la marge très étroite. Retourner le gant délicatement sur l'endroit.

4. Ourler le poignet.

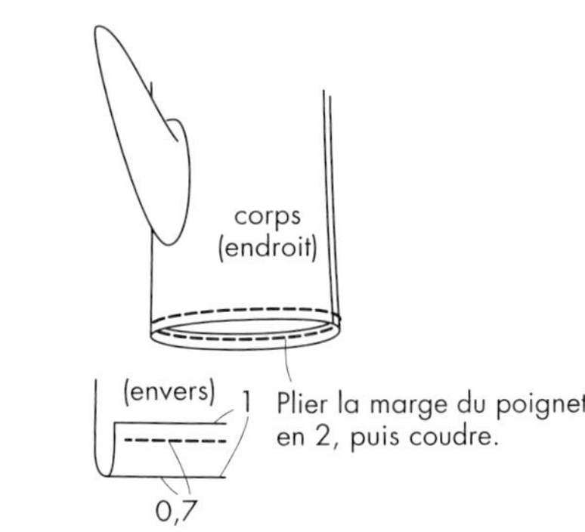

5-1. Réaliser le centre du nœud.

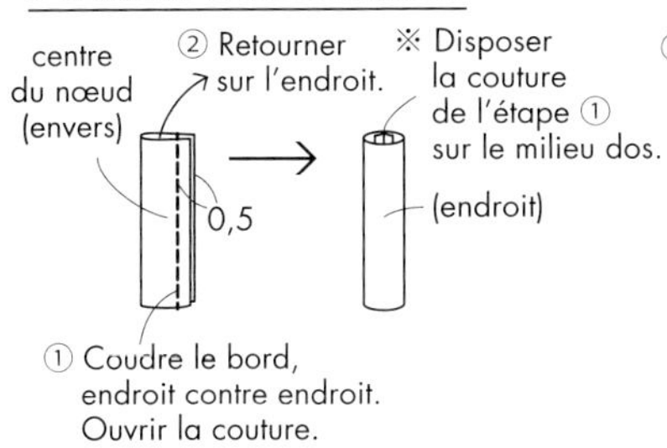

5-2. Réaliser le nœud.

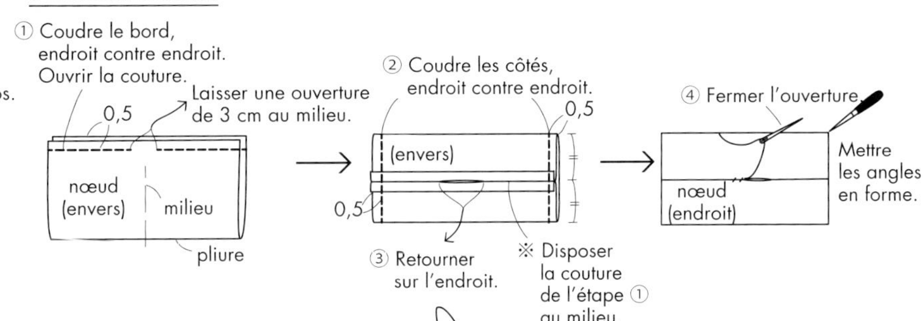

5-3. Assembler les pièces du nœud.

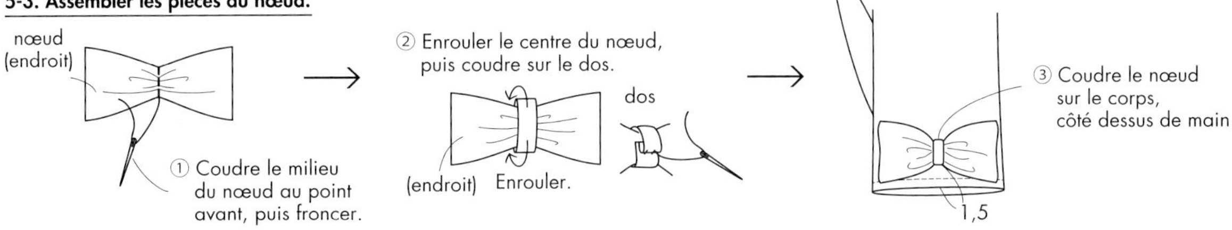

Q

Poignets dentelés

p. 28

Dimension
Longueur : 13 cm environ

Fournitures
- 15 x 150 cm de tulle
- 130 cm de dentelle à jour échelle de 2,5 cm de large
- 130 cm de dentelle festonnée de 5 cm de large
- 130 cm de ruban de satin de 0,4 cm de large

Plan de coupe ※ Ajouter 1 cm de marge de couture, sauf indication contraire.

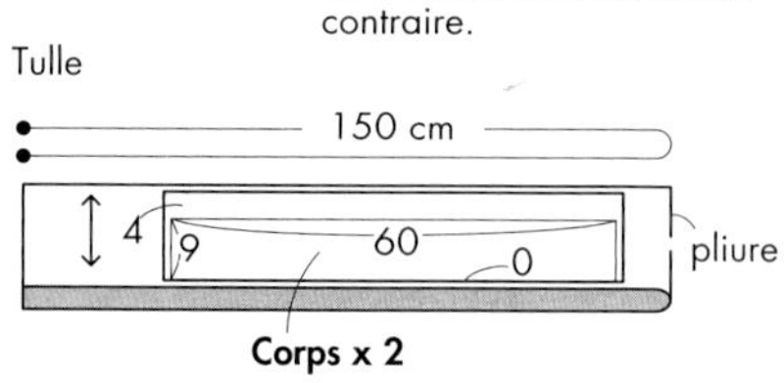

Réalisation

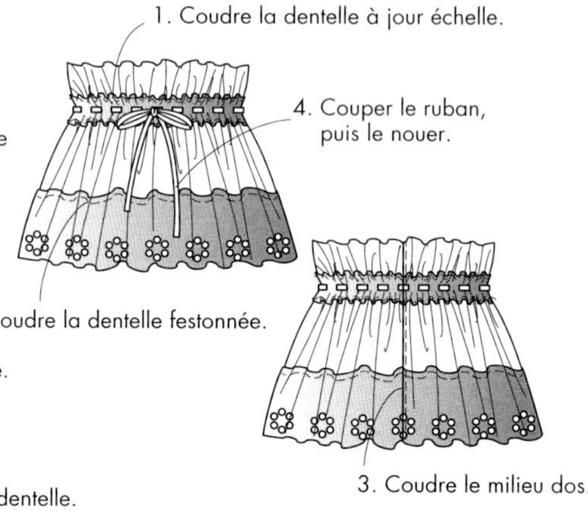

Réalisation ※ Réaliser 2 pièces en symétrie.

1. Coudre la dentelle à jour échelle.

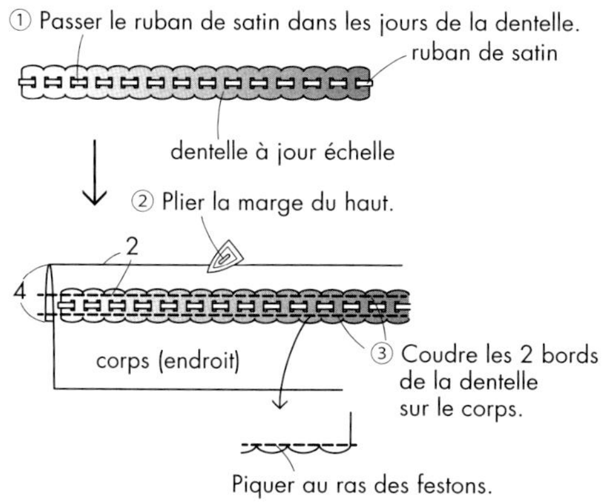

2. Coudre la dentelle festonnée.

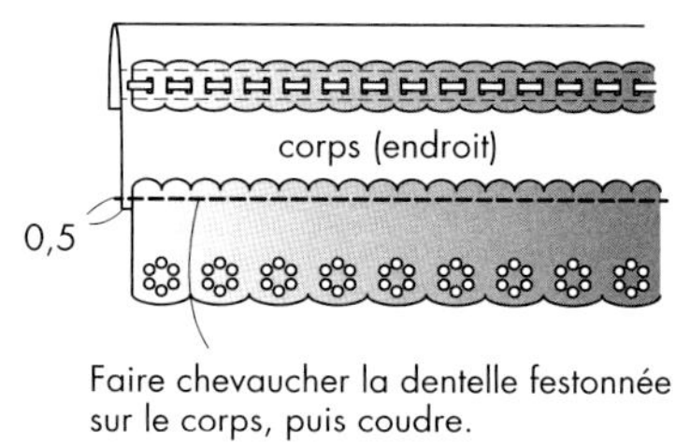

3. Coudre le milieu dos.

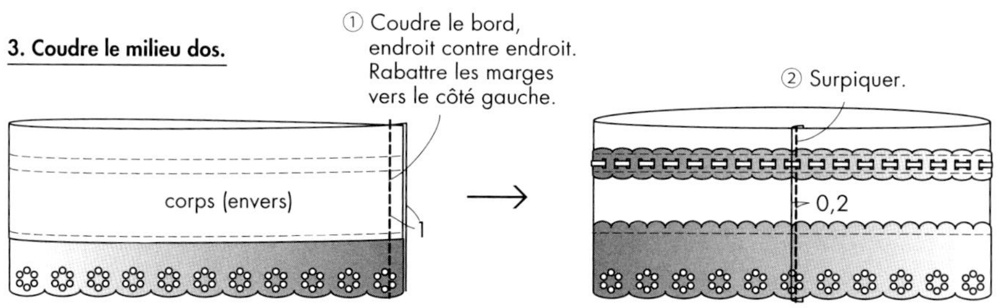

4. Couper le ruban, puis le nouer.

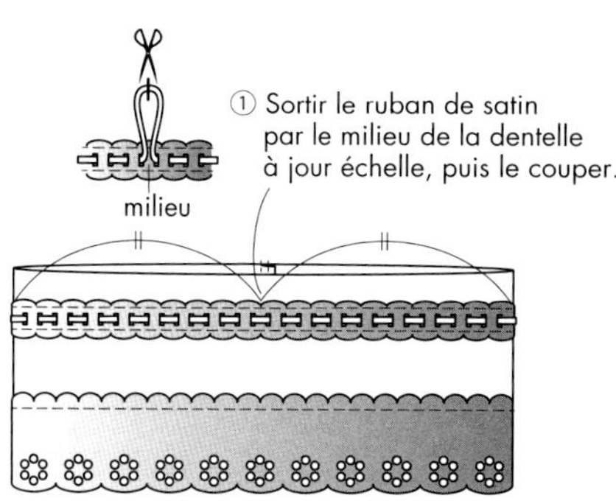

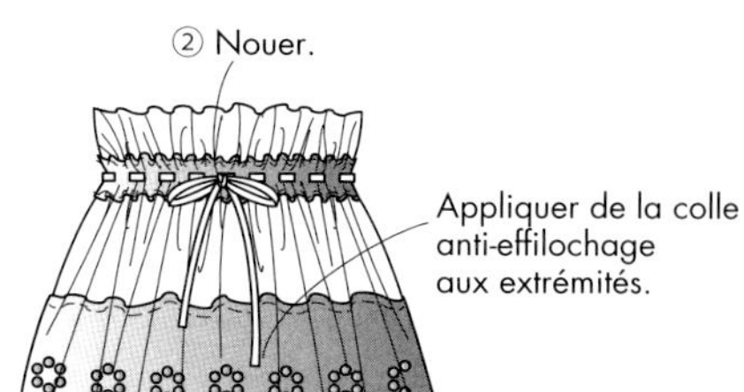

R

Coussin d'alliances

p. 29

Dimensions
17 x 13 cm (largeur x longueur)

Fournitures
- 23 x 112 cm de doupion de soie
- 21 cm de dentelle festonnée de 5 cm de large
- 100 cm de ruban de satin de 0,4 cm de large
- Ouate

Plan de coupe ※ Ajouter 1 cm de marge de couture, sauf indication contraire.

Doupion de soie

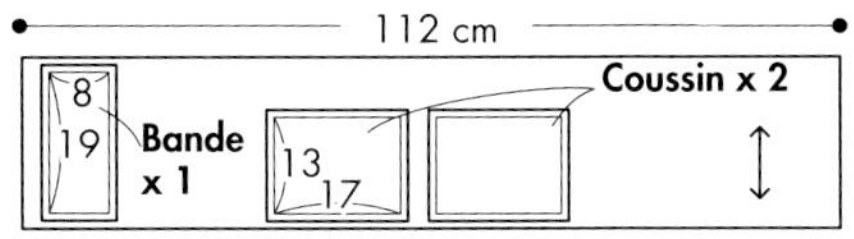

Réalisation

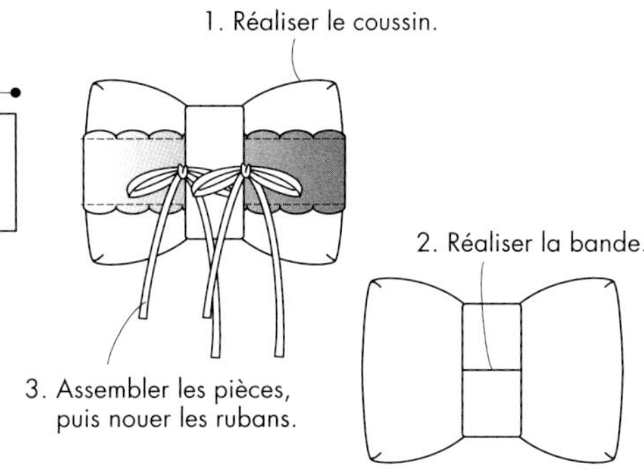

Réalisation

1. Réaliser le coussin.

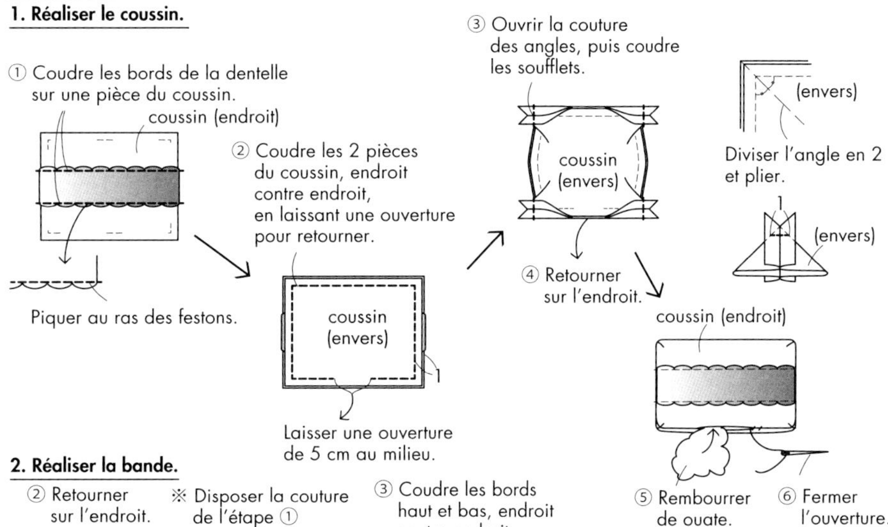

2. Réaliser la bande.

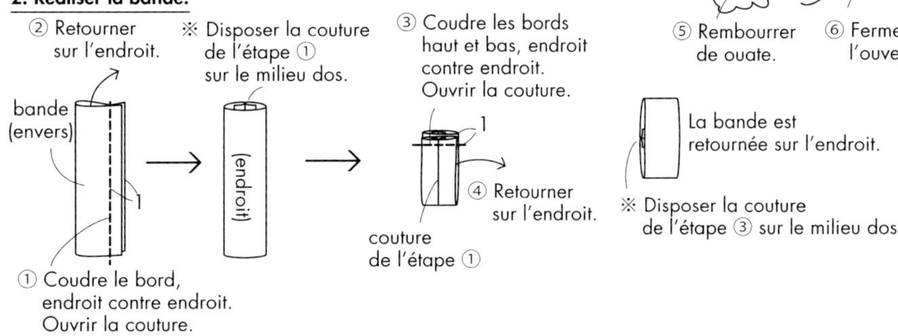

3. Assembler les pièces, puis nouer les rubans.

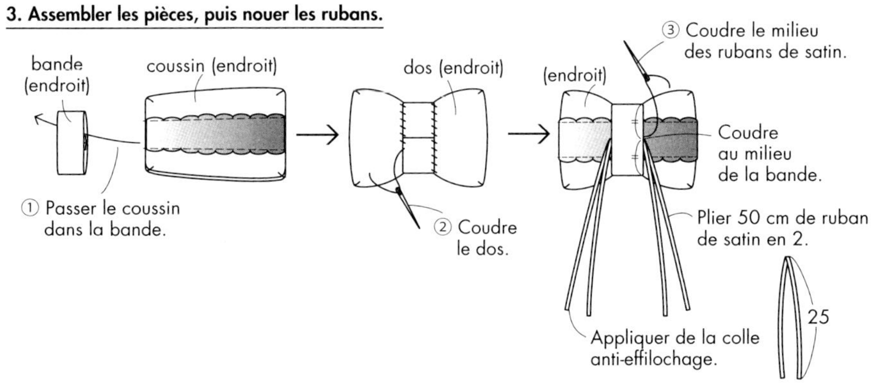

Portrait

Aki Sumitomo (Atelier Angelica)

Diplômée d'une école de couture, Aki commence à travailler dans des maisons de prêt-à-porter pour enfants et femmes en tant que modéliste et designer. Elle travaille ensuite sur un projet de création d'accessoires pour bébés. Aujourd'hui, elle est freelance et enseigne la couture dans des centres culturels à Osaka. Elle crée également des prototypes et des patrons pour plusieurs maisons de couture.

http://atelierangelica.com/

Équipe
Photographie : Yukari Shirai
Mise en page : Nilson design studio
Stylisme : Megumi Nishimori
Mannequin : Eriko Fukami (BARK in STYLE, stature : 163 cm)
Coiffure & maquillage : AKI
Explications & gradation : Studio Silhouette
Collaboration à la couture : Iyo Okamoto, Erika Nozawa
Collaboration à la correction : Aiko Kasahara
Rédaction : Miyuki Kato

Fournisseurs

- Okuyama co., ltd.
http://www.okuyama-p.co.jp/

- Charanuno
https://charanuno.com/

- Kiyohara co., ltd.
https://www.kiyohara.co.jp/store

- Coral co., ltd.
http://www.coraltex.co.jp

- Nunoji no omise Solpano
https://www.rakuten.co.jp/solpano/

- Fujikake co., ltd.
https://fujikake21.co.jp/

- Yamatomi shoten ltd.
https://yamatomi.biz/

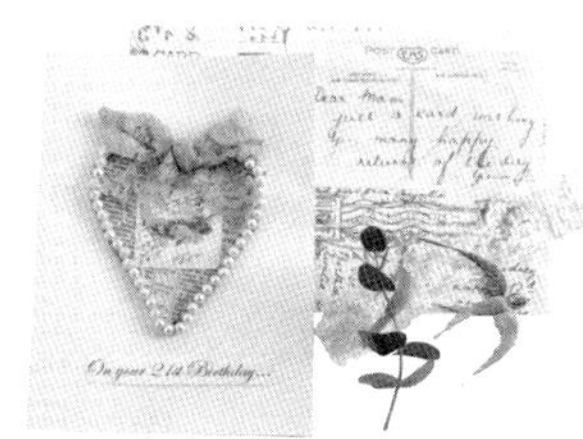

les éditions de saxe
13, rue Jules Verne
CS 40205 - 69630 Chaponost
www.edisaxe.com

Traduction : Mari Kobatake-Ginet

Atelier Angelica no Dress Book (NV80666)

Publié pour la première fois au Japon par NIHON VOGUE Corp., Tokyo
Traduction française en accord avec NIHON VOGUE Corp.

JE COUDS MA ROBE DE MARIÉE
JALI305 - ISBN : 978-2-7565-3672-9
Impression en Italie
Dépôt légal : à parution

Les patrons sont réalisés par les éditions de saxe à partir du patron original.
Les tailles ont été modifiées pour les adapter aux tailles françaises.